# 本书著作者

刘健斌　宗　寅　谭智毅　陈义康　曹　标　陈良地
曾培基
（以下按姓氏笔画为序排列）
王海贞　毛容妹　刘志文　刘茜蕾　李俊杰　李　涵
余建龙　沈文洁　张子豪　张兆明　张海峰　陈宜浩
陈钜强　赵　泉　胡德辉　莫明珍　莫　蔓　梁美琼
温信凯　颜焯文

# 质量管理哲学
# 基础与结构

刘健斌 等◎著

暨南大學出版社
JINAN UNIVERSITY PRESS
中国·广州

**图书在版编目（CIP）数据**

质量管理哲学基础与结构/刘健斌等著．—广州：暨南大学出版社，2022.12
（质量管理哲学丛书）
ISBN 978－7－5668－3500－0

Ⅰ.①质…　Ⅱ.①刘…　Ⅲ.①质量管理—管理学—哲学　Ⅳ.①F273.2

中国版本图书馆 CIP 数据核字（2022）第 167228 号

**质量管理哲学基础与结构**
**ZHILIANG GUANLI ZHEXUE JICHU YU JIEGOU**
**著　者：刘健斌　等**

---

**出 版 人：**张晋升
**责任编辑：**曾鑫华　高　婷
**责任校对：**刘舜怡　黄亦秋
**责任印制：**周一丹　郑玉婷

**出版发行：**暨南大学出版社（511443）
**电　　话：**总编室（8620）37332601
营销部（8620）37332680　37332681　37332682　37332683
**传　　真：**（8620）37332660（办公室）　37332684（营销部）
**网　　址：**http://www.jnupress.com
**排　　版：**广州市天河星辰文化发展部照排中心
**印　　刷：**广东信源文化科技有限公司
**开　　本：**787mm×1092mm　1/16
**印　　张：**13.5
**字　　数：**220 千
**版　　次：**2022 年 12 月第 1 版
**印　　次：**2022 年 12 月第 1 次
**定　　价：**49.80 元

# 丛书序

最近我的校友刘健斌先生向我介绍了他的两本新作——“质量管理哲学丛书”之《质量管理哲学基础与结构》和《质量管理哲学原理与检验》，我觉得所有从事生产和管理工作的人士都值得一读。我在中国改革开放的初期出国求学和工作，近四十年之后在国内重新开始工作。在国内数月的短暂生活使我感受深刻的是中国许多地区的生活水平和购买力基本上同西方国家持平，甚至超过西方国家，但从国内丰盛华丽的物质中，我常见到一些华而不实的东西，其低劣质量往往是一些企业追逐短期利润最大化的结果。就如人与人之间成为朋友的基础是相互之间建立足够的信任度一样，要使产品热销，企业家的基本责任应该是通过保证品质以提升用户对企业产品的信任度。我想这正是“质量管理哲学丛书”的内涵。

苏　星

2022 年 8 月

（苏星，美国加利福尼亚大学生物学博士，哈佛大学博士后。曾任英特尔研究院先进传感器技术部门创始人和负责人，约有 150 项发明、90 多项已授权美国专利，涉及半导体技术、纳米材料科学、化学传感器技术、生物传感器技术、信息科学和生物技术。）

# 目　录

# 第一编　绪　论

# 第一章 质 量

“严肃认真，周到细致，稳妥可靠，万无一失”，什么是质量？这就是质量。

## 第一节 质量意识

早期国内观点一般认为质量就是好的代名词，尤其是在新中国成立初期以苏联为师，品质好就是质量好，品质决定一切，生产中曾经有过这样的口号“百年大计，质量第一”。

当时这些认识基本就是从纯粹的品质角度出发。动摇我们这一认识的是后来引入西方学者在实践中提出的“质量是符合客户的需求”这个观点，并且ISO标准中明确了相关定义。这些规定实际上首先是从经济性来考虑，其中一个潜在含义就是质量无须一定是最好的，最好的不一定是客户需求的。当然了，最主要的原因还是，最好的不一定能够实现效益最大化。

我国质量工作者很快就认可了这一提法，认为这是世界上最先进的质量意识，毕竟中国改革开放初期广泛受到美国、日本的影响。

日本人的质量意识非常典型，公司普遍的观点就是，一辆汽车和刮须刀一样，能用十年就不要用十一年。所谓能用，一是指消费者能接受的水平，这个放在ISO标准中就是客户的NQI（可接受水平），二是指目前技术能达到的效果和成本刚好平衡。如果一辆汽车和一把刮须刀一直不坏，后面的产品怎么卖？显然，日本人把自己的科技进步和非凡精明结合起来了。质量在他们心目中归根结底是一种平衡的发掘。当然早期的日本质量思维意识很不一样，如日本之前生产的索尼彩电、三菱冰箱、松下自动理发器等，一用就是二十多年，质量很好。

在市场上往往受欢迎程度最高的产品不一定是品质最好的产品，主要一个方面就是价格，因为高品质的产品往往隐含了非常高的制造成本，包括人力成本、原材料成本以及各种特定生产环境的显性成本，这还不包括营销策划等隐性成本。在消费能力普遍不高的国家，人们往往选择一些价钱便宜、质量还过得去的产品，特别在国产汽车和进口豪华汽车的选择上，普罗大众更多地选择哈弗 SUV 而不是选择捷豹或者凯迪拉克，这表明了价格是一个硬标准。

另一方面，质量好坏真正的判断标准，实际上更在于广大消费者的内心，而不是书面或者是官方发布的所谓 ISO 标准。普罗大众往往不在乎国际标准、国家标准等权威，也不在乎企业发布的产品优良指标，以及具体的判别标准，这些只是起到一个参考的作用，任何人的认识都是不一样的，也是有差异的。如关于日本生产的电器质量好，还是国产电器的质量好，在大家心目中答案都不一样，虽然很多国产电器的生产标准已经完全高于日本标准，但你依旧会发现在市场上日本原装进口的电器价格普遍高于国产电器，例如松下电话机的价格还是远远高于国内的电话机，其实有些松下电话机买回来不久就因为充电等原因而不能再用了，这说明了迷信松下质量的人不在少数。空调和电冰箱也有类似情况，国产汽车更是如此。有许多品牌汽车质量都比日本同档次的好，安全性也更高，但卖的价格就是不如日本的贵。

不过，市场还是有底线的，没有质量就肯定没有市场，因为正常人都不会花钱买一个一用就坏的产品。

在实践中，中国质量工作者很快认识到质量的社会性。这里的社会性主要是指生产安全、使用安全、身心健康影响、生态环境、社会群体性影响等方面，甚至是国家安全。比如三聚氰胺事件不仅造成严重的经济损失，而且对我国社会各阶层影响甚大。又如天津“8·12”瑞海公司危险品仓库特别重大火灾爆炸事件，突显了诸多方面的管理质量和服务质量以及相关的预防意识的不足。

质量不但能影响人类生存、安全与健康，而且，质量往往是国家强大与否的实力体现，质量好坏与国家的发展、国家荣誉密切相连。

虽然有了一定的认识，但实际上，人们往往忽略了质量最本原的两个含义，一是人性，二是品质，这两者缺一不可。人性不仅仅体现在产品或服务对人本身的影响，而且体现在从开始到最终整个过程对人类和社会的影响，还包括对未来的影响，如日本核辐射。而品质是质量里面更内在的，更具有想象力、创造力的东西。

对品质的追求古今中外都不乏有许多事例，如现今典型的有，乔布斯追求完美的苹果质量哲学和追求经久耐用、完美无缺的德国锅。

1876 年，费城举办工业产品博览会，在会上德国展示了价格低廉、做工粗糙的仿造品。当时的评审主席勒洛先生是德国人，感到非常羞愧，他说："决定我们的产品能不能立足世界市场的，不是价格低，而是质量好。"

十多年后，德国的制造仍然没有起色，没有人重视勒洛的警告，英国针对德国强大的仿造能力和价格优势，重新修订了《商标法》，规定进口到英国的德国产品必须标注上"德国制造"（当时的德国制造是品质低下、假货、剽窃、抄袭的代名词）。面对这种难堪的境地，德国人从此彻底改变民族质量思想意识，提高民族创新意识和工艺技术。

20 世纪 60 年代至 80 年代，"师美之技以胜美"的日本民族制造业开始崛起，并很快挤走了其他竞争对手，和美国比肩在世界顶级行列。但是到了 90 年代，德国制造开始发威，德国产品的高端耐用远胜日本产品的精致实用。随着人类社会的进步，世界人民生活水平普遍提高，追求使用德国产品，也就是追求德国和欧洲的高品质生活方式，已经成为世界新潮流。

**表 1－1　美、日、德出口产品占全球市场份额的变迁**

（单位:%）

| 年份 | 1950 | 1970 | 1980 |
|---|---|---|---|
| 美国 | 16.7 | 15.5 | 11.0 |
| 日本 | 1.4 | 6.2 | 9.8 |
| 德国 | 3.3 | 10.9 | 11.1 |

表 1－1 映了 1950 年至 1980 年这 30 年来日本出口产品占领世界市场的强劲势头，但随后被德国迎头赶上。

2011 年，德国货物出口额为 1.28 万亿美元（约 10 601 亿欧元），占当年世界份额的 8.1%；2011 年，日本货物出口额约 9 000 亿美元。到了 2018 年，即便多了中国这样一个强劲对手，德国货物出口额仍然增长至 1.317 9 万亿欧元（约 1.6 万亿美元），2019 年略有下降，约 1.48 万亿美元；而日本货物出口额跌至 7 380 亿美元，2019 年则跌至 7 055 亿美元，约占德国货物出口额的一半。而德国和日本均以机电产品、运输设备和化工产品为主，且德国重工业发达，出口偏向于技术型高端产品。

到了 2021 年，日本更是出现了首次贸易逆差，货物出口额下降到只有 830 930.92 亿日元（折合约 5 922.88 亿美元），而 2021 年德国货物出口额累计 13 755 亿欧元，同比增长 14%。

德国的质量概念明显不同于美日韩和东南亚其他国家。德国制造，可以说全部体现在四个字上：高端耐用（或者说永久使用）。

有人问他所熟识的德国锅具生产商，如果你们生产的锅几代人使用都不坏，那么企业的产品怎么还卖得出去呢？

正如中国的企业多年来习惯以日本人为师，日本产品质量非常好，使用期内你想让它坏都很困难，但是，过了使用期许多产品马上不能再使用了，和厂家设计的使用期限非常吻合，如果还能使用则是“质量问题”了。又比如，以前同档次的汽车，德国车标配是防抱死制动系统（ABS）+电子制动力分配系统（EBD），而日本车只有 ABS 系统，加价才有 EBD 系统。永远用不坏，客户怎么还会买你的产品呢？永远实实在在，企业怎么生存呢？

德国人笑着回答，我们就是要让全世界都用我们的锅，因为它们独一无二的好，全世界有六十亿人口，你说这个市场有多大？

这就是德国人的思维！这就是德国人的眼界！这就是德国人的品质！

对品质的追求不是随便哪个民族都能拥有的，这需要历史沉淀、人文积累以及对幸福的渴望、对未来的追求，日本和韩国还远远不具备这样的认知与能力。如果我们只学习捷径制胜术，中华民族几千年的历史沉淀将被抛之脑后，因为我们失去的将是整个民族对美好事物的追求能力。

一些人自认为采取这种捷径制胜术就是占领市场赢得胜利的最好的道路，万万没有想到世界已经开始准备逐步把中国制造边缘化！不是每个人都知道，走捷径的确能够一开始得到别人得不到的，能够迅速领先，但从长久来看，走捷径是得不偿失的，将来会付出沉重的代价。有人参加了一次德国汉诺威工业博览会，发现中国产品几乎很难在这里露面，而土耳其、东欧不少国家，甚至连印度都有相当不错的展位。在工业4.0的高科技展馆里，更是很难看到中国智造。

是的，如果我们失去别人对我们原创、我们品质的信任，中国制造日后恐怕在世界哪个角落都难觅踪影。

德国人的质量哲学就是："没有质量的数量是毫无意义的，唯有以质量为基础的数量才是真正意义上的数量。"

"要么没有，要么就最好!"西门子公司前总裁彼得·冯·西门子的看法无疑代表了德国人普遍的一种质量意识，一种领先世界的质量态度。他认为，企业员工不仅仅需要生产一流产品，更应该承担后续服务，承担一切相关责任。日本、美国和英国追求的是企业利润最大化，而德国追求的是产品生产过程中的和谐、安全。通俗来说，即质量的最高境界。

这实际就是顶尖质量所承载着的伟大人性和独一无二的品质。

据传说，国内有一座城市靠近沿海的一大块区域永远不用担心下水道被堵或者是雨水过多造成城市内涝，因为这里的下水道是德国人建的。这座城市就是青岛。德国人建的总长80公里的下水道采用的是当时先进的雨水污水分流排放技术，管道主体上宽下窄，最宽处可以跑汽车，都铺上水泥，下层还垫陶瓷，泥土难堆积，水流也更快。只可惜，当时德国人建的下水道目前只剩下不足3公里，并不能支撑已经突破一千万人口的城市的排洪抗涝任务。

更为神奇之处是，一百多年后青岛管理者收到了一德国企业的邮件，指点下水道某位置藏有一油纸包裹，相关人员找到并打开后，发现里面的零件正可用于更换下水道管接口，并且光亮如新。

这真的是一百多年前殖民者留下的礼物？国内许多人更愿意相信和发自内心深处认为这真的是德国人功劳，而不是传说。

为什么会有这么多人选择相信这个德国质量神话？难道这还不值得我们质量工作者深思吗？

人们从来就不用担心德国的产品有什么质量问题，虽然德国车小问题也不少，但是世人给予德国的信任却不容置疑，好比每一次世界杯，人们永远相信德国是冠军的有力竞争者，虽然不少时候德国连四强都进不去，但还是会被大多数人列为冠军最佳候选。

如今，当德国质量在世界上独领风骚的时候，当“德国制造”等同世界顶级质量的时候，世人还能记住1887年8月23日那个不平凡的日子吗？这是“德国制造”的诞生日，同时也是当年英国修订《商标法》的那一天。昨天是德国的耻辱日，今天则是德国的自豪日。

德国双立人首席质量官克里斯蒂安·阿伯克颇为动情地说：“在我们的产品质量管理过程中，西门子、博世、拜耳、奔驰、蔡司，这些来自不同领域的企业，都是那个时代里，手挽着手，肩并着肩，在一片歧视、白眼和嘲讽中，站立起来的巨人。”

青岛海洋大学两名毕业生对于德国造颇为感慨，“我在一个会议室见过西门子的吊扇，能用。铭牌写着大清国某某年制造。当时感慨发达国家真牛”，“我家也有一部西门子手机，快二十年了，插上卡还能用，基本上过年敲坚果砸核桃都是用它”。

但是，国内有多少优秀质量工作者能领悟到德国制造所需要的质量意识来自何处？又有多少国人明白，没有德国人没有进行长期自我培育，以及杜绝那些自砸招牌的行为，德国无法取得今天世界顶尖质量强国地位。

一次全国两会期间，一位大钢厂总经理就感慨说，许多人喜欢德国生产的厨具，但他们不知道，这些厨具用钢是我们提供的，可是国内厂家就是造不出来这些厨具。阳江刀锋利不？可能某些阳江刀的锋利程度不亚于德国产品，但是，经久耐用性呢？目前还需要考量社会性，欧盟对影响环境的六价铬等限用物质有要求，当时阳江刀唯一的免检产品——金辉刀具的总裁对此方面就感触很深，他穷尽智力和精力寻找破局之法，但五千多家阳江正规刀具厂的管理者，又有几位能像这位老总那样如此坚持？高素质的劳动力需要一代代的积累。

而国内不少质量工作者、生产者目前普遍还只有标准化作业意识，以为这些就代表了高质量，如坚持按标准组织生产、强化质量检验机制、搞好质量体系评审，好像质量是评审出来似的。要知道这种思维意识不要说和德国人相差十万八千里，就是和当初我们老一辈质量工作者相比也相差甚远。

2008年“三聚氰胺”事件，有问题的主角三聚氰胺完全合乎当时的生产标准和检验标准，但为什么如此严谨的质量控制环节还是出了如此重大的安全事件？

但是多少人意识到，如此重大的食品安全事件本可以避免，就在事件发生前几年，中国海洋大学一位教授首先在饲料中发现这个问题的严重性并报告上级有关部门，但是没有引起足够的重视。如果不建立一整套大数据分析系统和相应的监督惩治机制，这样的事故可能会再次发生。所以，在现代社会中，光是注意到某一领域某一方面的标准还是远远不够的，质量相关重要信息可能存在于他处，同时还必须注意到其横向性影响。

反观欧盟，它们在这方面早就储备充足，1985 年就颁布了《技术协调与标准化新方法》，随后制定了一系列质量安全相关法规体系，如 REACH 法规（Registration，Evaluation and Authorization of Chemicals），即化学品注册、评估、许可和限制，欧盟委员会建起统一的化学品监控管理体系。

当然，质量的意识不是一成不变的，会随着社会和科技的进步而逐渐发展。如汽车，通过一步一步艰难向前发展，由最初三个轮子变成了四个轮子，功能更齐全，操作也更方便。和现代汽车相比，当初汽车的质量实在是太差了，基本上毫无安全性可言。汽车使用的便捷程度、舒适程度，以及汽车的安全需求，可以说都是用户对产品需求不断追求，不断创新的结果。

对产品的需求符合用户的使用价值。这实质上是生产者对用户个体差异化的一种“误差”表现。对产品使用价值的理解，用户个体之间有着相当大程度的差异，这种差异不仅仅反映在对产品的性能以及服务需求上，而且还反映在用户的经济水平、环境要求以及心理期望、周围人的喜好评判、预期寿命等方面。比如20 世纪初捷克生产的汽车斯柯达，那时候堪比劳斯莱斯，主要面向贵族阶层，但今天被大众控股后的斯柯达，甚至不如帕萨特。

中国的高铁受到世人高度好评，但如果沉迷于其中沾沾自喜，只会为将来埋下隐患。即便是现在，也还有相当一部分高铁轨道在列车行驶通过时会发出刺耳的声音，列车的舒适性、餐饮服务、人性化服务等方面还需要向民航学习。

当然，目前高铁不提供深夜出行，而民航在红眼航班等方面暂且领先，但最重要的是能否一直保持安全飞行。安全飞行需要的不仅是单一的严格标准、规章制度，而且需要整个系统、每位职工完全遵循并做到十六字方针：

严肃认真、周到细致、稳妥可靠、万无一失。

用户的需求不是那么容易把握的，在这方面，我们往往以日本、美国为师。在商品检测领域，有一家资深公司成为行业翘楚后却整天以日本的6S为监督检查标准，每天检查员工的穿衣戴帽以及实行准军式纪律，真正的质量危机在哪里又能否被发觉？

中国产的数控雕刻机（CNC3－3018PRO）被欧盟抓到了潜在的质量缺陷，全部产品在2020年9月18号被要求召回。这个潜在的缺陷并不影响用户的使用，欧盟书面解释了该产品的缺陷及后果："电线中的导体直径不足，插头上的插针太大，接地插针部分套上套管，造成接地不良，这可能导致过热以及触摸时造成灼伤和电击的风险。"

消费者有谁会注意到电线中的导体直径？

欧盟对中国产的灯具灯饰产品要求也很高，表面看来似乎是苛刻，实际上如果我们重视并改善，将大大提高我国的质控水平和质量意识。2020年9月18日，中国产的Neptune Milton Desk Lamp台灯、Neptune Chetham Reading Lamp阅读灯及Neptune Chetham Floor落地灯都是由于"电线和绝缘材料经反复使用后而损坏，导致可接触部件带电。因此，用户可能会受到电击"而被召回。另外，SMD STELLA CADENTE灯饰链由于"电缆未正确固定且太细，可触及电线的绝缘不足，电源线延长插座的结构允许单极插入插头，电缆可能过热，导致烧伤或起火"而被召回。

用户群体中目前有一种较为公认的质量意识，它不单纯从产品的技术特性出发，也不单纯从产品的使用质量出发，而是更多地考虑了许多综合因素，诸如产品成本、交货时间、响应速度、服务质量以及品牌的号召力、影响力等，力求在其中得到一种最优的平衡。

这样严苛的质量观从比较狭窄的认识范围走向了一个更广的范围，不管以日美为典型代表的"先进"质量意识有多么适应市场的需求和当前的价值观，从适者生存的角度来看无可厚非，但它依然对产品向更高更好的方向发展起到了一定程度的阻碍作用。而欧盟的质量意识普遍根植于人类发展的本原。

## 第二节 质量定义

关于质量标准化定义，目前许多有关质量管理方面的书都有提及，基本上来说，权威出处来源于两个方面，一是《辞海》或《现代汉语词典》；二是国际标准、国家标准。至于大众理解的质量就是品质好，反而成为不太科学的民间解释。

质量，按照它本来的意义，首先应从物理学角度来认识。质量，是物体所具有的一种物理属性，是物质的量的量度。从这个意义出发，引申到社会经济活动中，1994 年，质量的定义在 ISO 8402：1994《质量术语》标准中有了明确而清晰的表达："质量是反映实体满足明确或隐含需要能力的特征和特征的总和。"在当今商品经济时代，产品的质量服从市场价值需要。目前，比较公认的质量概念有了更符合社会经济活动需求的简化阐述：一组固有特性满足要求的程度（ISO9000：2000）。国家标准 GB/T 19000 2008idt（等同采用）ISO9000：2005 对质量下的定义为：一组固有特性满足要求的程度。

2015 年的 ISO 9000：2015，对质量的定义增加了一些内容，比较明确顾客的要求和相关方需求。定义如下：

质量促进组织所关注的以行为、态度、活动和过程为结果的文化，通过满足顾客和相关方的需求与期望实现其价值（注意，这里强调质量是有价值的）。

组织的产品和服务质量取决于满足顾客的能力，以及对相关方有意和无意的影响。

产品和服务的质量不仅包括其预期的功能与性能，而且还涉及顾客对其价值和利益的感知。这点其实是对质量定义认识的一个大改观，体现了不管你的质量做得多好，生产的产品有多好的品质，如果顾客不认可，评价不好，还是说明质量不行。主观性比客观性可能更具干预力。

某检测实验室，经常会看到一些客户在申请单上要求"主成分鉴别"。一次，某个实验室按照相关国家标准对申报品名是乙烯辛烯共聚物的一个样品进行品名鉴定，但实验室出具的结论是聚乙烯。外行人也许会默认这样的鉴定结果，但作为内行的客户不干了，因为这样的结论等于没有说，就好比让你鉴定一瓶中药水的主成分，如果说主成分是水当然很对，但是，客户显然不能接受。

美国通用电气前CEO杰克·韦尔奇对质量定义洞察非常深刻，他说："品质的含义从字面上来看，乃是要提供一个超越顶级的事物，而不仅是比大多数的事物更好而已。"

## 第三节　质量本质

以美日为代表的不少国家，提到质量首先考虑产品的经济价值，即经济性。质量的主客体双方，甚至是社会第三方，他们认为必须充分考虑到产品或服务的经济性，这样的质量才具价值，才能延续。

但是，德国人的质量意识不同，质量对他们来说，首先是人身安全性和公共社会性，而这两者在他们的质量意识里又是统一的。

首先，质量意味着满足多方需求，而不仅是满足当前直接的客户需求，面向群体既包括顾客，也包括制造方，当然还有管理者和社会各界等第三方。质量还包括降低质量成本，尤其是不良质量的成本，高质量必须减少差错、返工、干扰、延误等，即意味着更低的成本控制，以吸引再次关注和支持。

其次，质量具有时效性。这点也是显而易见的。早期国内的三大件，今天的人们已经不知道是什么了。后来曾经一度辉煌的中华自行车、收音机、录音机、电灯、BB机、MP3、VCD、DVD、学习机、电子词典、卡片机、公共电话亭等，也都已成为远去的背影。所以，即便是质量的概念，也要与时俱进，如ISO标准不断变化。质量早已不是产品好坏的简单化定义，还包括过程、服务、体系的运行、客户的要求、社会的需求等，并且随着时代进步而不断外拓，故质量也具有广义性。

国家质量观对比。使用者质量与社会发展质量孰轻孰重，个人用户与社会多数影响者如何平衡？提出什么新概念合适呢？大质量观？还是社会质量？还是宏观质量？

随着大数据概念的深入人心，中国现在最时髦的一句话就是"唱响大质量观"，好像有了这个大质量观，质量的主要矛盾、突出矛盾就有了解决方法，中国积重难返的质量问题就迎刃而解了。

大质量观的提出，主要是许多国人对产品质量的理解仅限于产品本身的品质，或者说是内在质量，但是，产品质量还包括外在质量和服务质量等，这构成一个完整的大质量范畴。比如，奔驰车质量是世界领先的，但如果奔驰车仅仅关注生产过程或者出厂前的质量，这个不能不说是非常狭窄的理解，因为维护保养以及经销商4S店对客户的追踪都对质量有着至关重要的影响。一般来说，在年生产上百万辆车的奔驰全球工厂中，汽车有一些故障是可以理解的，但问题是怎么样在消费者的角度消除这些缺陷。奔驰历来对汽车的跟踪相当到位，包括汽车可能因为一些小毛病被提前召回，甚至是由于用户使用不当而有可能引起的小毛病，都不惜成本地召回问题汽车。

通常，大质量概念包括产品内在质量、外在质量和服务质量三个层次。

所谓内在质量，主要是指产品的功能和性能方面的质量，可以说，这是第一质量。如汽车的主要功能就是代步。

所谓外在质量，类似于汽车的外观以及给人的第一感官体验，如内饰的温馨程度、豪华感等。这可以说是第二质量。

所谓服务质量就是第三质量。如国家规定的“三包”，物流公司的快捷、安全、准确等。

产品本身的性能质量，产品外在的以及服务质量，围绕着产品所提供的价值，围绕着产品在社会的影响，这些都可以视为大质量的范畴。

由此可见大质量的概念实质上等同于全面质量管理的概念，只不过目前国人在经历过前一段时间的全面质量管理之后，重新把大质量概念挖掘出来，并提升到国家战略的高度。

质量是相对的，虽然有标准，但标准必须明确地定义和操作。质量的相对性体现在方方面面，同一产品同一型号的质量可能不同，更不用说不同厂家不同阶段生产的产品。即便是标准，也是相对的，一定时间后，许多标准也需要修改才能切合现实需求。

一句话，质量的本质，或者说是有价值、有意义的本质，是为了符合人们健康良好的需求。

而对于质量管理，究其根源是为人类服务。

# 第二章　质量管理

质量管理从根源上来说要为社会服务，为人类服务。这是一个绝不妥协、永不放弃的前提。

## 第一节　质量管理概念

ISO 9000 指出："质量管理是指全部管理职能的一个方面。该管理职能负责质量方针的制定与实施。"这个定义着重于管理职能。

ISO 8402 指出："质量管理是指确定质量方针、目标和职责，并通过质量体系中的质量策划、质量控制、质量保证和质量改进来实现所有管理职能的全部活动。"这里强调了目标。

ISO 9000：2015 定义质量管理：关于质量的管理。"质量管理可包括制定质量方针和质量目标，以及通过质量策划、质量保证、质量控制和质量改进实现这些质量目标的过程。"这里，强调了质量管理是一个过程。

朱兰指出，质量就是"适用性的管理，市场化的管理"。费根堡姆的定义更为透彻易懂，他认为，质量管理即是"为了能够在最经济的水平上并考虑到充分满足顾客要求的条件下进行市场研究、设计、制造和售后服务"，并且"把企业内各部门的研制质量、维持质量和提高质量的活动构成为一体的一种有效的体系"。

克劳士比以自身实践指出，"质量就是符合要求"。

按目前的认知，质量管理的本质属性包括了它的社会性、经济性和系统性。社会性和经济性都很好理解，实施管理首要要求就是制度化，这个就是管理的社会性。质量管理还必须按社会实际确定标准，包括国家标准、行业标准、部门标准，标准实质也是社会性的体现。在目前社会阶段，质量管理不考虑经济成本是不行的，企业的生产和生存发展都是以经济为一切行动的基础。朱兰的质量概念实质上也是质量管理的经济性的体现。在中国，现在许多企业都认为，质量必须和其赢得的利润达到一个合理的平衡，如果不计成本来谈质量，盲目地提高质量而不顾商品的销路，这也是毫无意义的。

质量系统性往往与安全性相关，不仅仅局限于产品本身。如美国在2020年9月16日召回中国产的10 800件 Monoprice 6类以太网 Bulk CMR 通信电缆，主要依据是：电缆不符合 UL 1666 自愿安全标准的易燃性要求，当电缆暴露在火焰中时，会造成火灾危险。

又如欧盟2020年9月11日召回中国产的 Sweet Love 塑料娃娃时指出其潜在的严重缺陷及后果："该玩具含有双（2－乙基己基）邻苯二甲酸二酯（DEHP）（按重量计的检测值高达0.3%）和邻苯二甲酸二异壬酯（DINP）（按重量计的检测值高达35.1%）。这些邻苯二甲酸酯可能会损害儿童生殖系统和肝脏，不利于儿童健康。"

即便是在一些毫不起眼的地方，质量在许多细节上也显示其系统关联性，忽略相关方面往往会带来严重后果。如中国产的降温冰块，通常国人认为这东西毫无技术含量，更别提什么质量、安全。但是，欧盟在2020年9月18号又颁布召回令，理由为："由于其颜色、尺寸和形状，产品可能被误认为是食品。这可能导致儿童把小零件放入口中，导致窒息。"

## 第二节　质量管理本质

质量管理的本质，是人类为了安全健康和社会发展而产生的一种艺术的、持久的活动，对质量工作者来说，具有责任感、荣誉观。

按目前的认知，质量管理的本质，包括了它的社会性、经济性和系统性。

1. 社会性

社会性既包括标准化作业、生产、运营，也包括质量监督、检验、检疫。

标准有技术标准，也有管理标准；有国际标准、国家强制标准、国家推荐标准，也有行业标准、企业内部标准。

技术标准又可细分为原材料、辅助材料、工艺、工装、成品、半成品、检验检疫、能力验证等。

管理标准的主要目的是监督、保障、服务，包括各种质量保证、责任、考核等。

检验检疫除了工厂、企业内部的质量把关外，主要还包括外部第三方的独立质量监督和检验检疫，保证全社会质量活动有效、有序、有利运行。

2. 经济性

不考虑经济性的质量活动，至少在目前社会发展阶段，只能是少数。绝大多数面向市场的生产和经营，必须考虑产品或服务的经济性，物尽其用，这是毋庸置疑的。

难就难在如何既要保证质量，又要降低成本实现经济增值。但正是有了这样的矛盾，才在此基础上出现了质量管理科学。资源总是有限的，人力也是有限的，如何在有限的利用中获得无限的价值，这就是质量管理科学的主要任务。

3. 系统性

这些年，质量界最貌似有道理而又最幽默的一句话就是，质量不是检测出来的，而是制造出来的，或者说质量是设计出来的。潜台词即质量，并不是由检测来决定。这就好比是说国家没有外敌入侵，是因为敌人不想入侵，而不是因为我们拥有核威慑力量。

事实上，质量的任何一方面都是不可或缺的，都是至关重要的，离开哪一个方面都会出现问题。

我们要认识到质量管理活动要具有系统性不是一朝一夕的事，是要经历一个漫长的过程和相当多的经验教训，即使是今天，还有许多人和许多项目没有考虑到这个方面。不少灾难的发生，或产品被召回，都和系统性问题有关。

系统性，通俗来说，主要包括系统内部关键点及关联，系统外部的关联性和系统与系统之间的接合部、系统的突出部等，不管是创造什么先进的系统理念，都必须首先基于这些系统性进行分析。例如，影响质量有六个方面，人、法（方法）、机、料、环（环境）、测（检测），在管理时首先必须考虑这六个方面，缺一不可。具体到某一产品，又必须要分析其性能、特点、安全性、可靠性、认定性、耐用性、美观性、适用性以及认知性等九项要素。

## 第三节　质量管理人性观

每天夜里，伤员们都会看到南丁格尔手提着一盏油灯来探视巡查。半年过后，医院的病死率由原来的42%变为2%。士兵们都对她怀有深深的敬意，称呼她为提灯女神。

现代意义的质量管理其实首先是基于人性的管理。在古代，人被当作奴隶，在这样的观念下生产出的商品和服务虽然有一定的质量，但是在社会大生产中，这样的意识和社会发展格格不入，也没法承担社会大生产的根本任务，所以质量管理最基本的一条也是必须要解决的一条，就是如何进行人性化管理，只有把普通人的主观能动性以及管理科学性充分展现出来，质量管理才能够进一步向前推进，才能达到一种完美境界。

巨大生产力的迸发需要众人的参与，需要普罗大众的创造力、工作热忱和主观能动性。

20世纪两个超级大国核武器竞争日趋白热化，但是，两国的领导人有一个基本观点，不管斗争多么激烈，都想方设法在最后一刻避免核大战爆发。不过，人算不如天算，意外却在另外一个方向发生了。

一把板斧差点改变世界。

1980年美国大力神Ⅱ型洲际导弹采用液体燃料，主要用来发射中小型卫星，但也用于部署核武器。液体燃料有一个相当危险的地方就是极易泄漏，而且容易自燃并发生爆炸，所以管控和操作要求非常严格。

但就是在这样严格的条件下也发生了意外。有一次一枚可飞行15 000公里的火箭搭载了一颗W－53核弹（威力相当于约900万吨TNT烈性炸药），当年广岛原子弹炸药当量是13 000吨，其威力相当于广岛原子弹的十几倍！

在发射一瞬间，一位操作人员的板斧居然掉下去，当场发生爆炸！好在这颗核弹头虽被炸飞，但本身没有发生爆炸，否则后果不堪设想！

由于质量方面的意外防不胜防，无法达到百分百的安全保证，一次失误、一个缺陷就可能带来灾难，零缺陷已经不是做得到做不到的问题了，而是最基本的底线。两个超级大国高层领导人都心知肚明，因为各自的安全事故一触即发。为了人类的安全，两国决定削减核武器，对于整个人类人性化的考虑不得不高于国家利益。

19 世纪之前，英国普遍认为和病人打交道的医院非常脏、乱、差，并且非常危险，医疗也条件非常可怕。医院中，护士不仅名声不佳，素质也很低下。有一家英军的主要医院设在土耳其军营里，设施简陋，医疗物质奇缺，所有走廊都挤满了伤员，拥挤不堪，不仅通风不良，卫生条件也极度恶劣。伤员们缺乏人性化管理，医院缺少燃料和食品，每人每天只能分配到 500 毫升饮用水，加上床位不足，许多人只能睡在走廊地板上，甚至有的人连被子都没有。最后很多伤员感染了痢疾与霍乱。

南丁格尔作为一位护士深深感到必须想办法改善这种混乱不堪的状况，尽一己之力，义不容辞。她自己出资改善医院环境、医疗设施。原来只能收留一千多名伤员的医院很好地接纳了三四千名伤员。南丁格尔展示了她非凡的管理才华和专业护理能力。在她的管理下，不仅使食堂、手术室、诊疗室、病床、卫生间等硬件设施得到彻底改观，并且在软件方面也开创了新领域，如建立护士专业医疗护理知识培训和护士巡视制度等。

1859 年，南丁格尔完成巨著《医院摘要》，强调医院的良好建设、卫生管理等方面对病人至关重要，并提出许多革命性建议，尤其是在护理方面。从此，医院管理有了质量范本，护理工作有了权威标准。

1863 年，南丁格尔针对当时各地医院疾病命名与分类混乱的情况，制定了全新的医疗统计标准，开拓了医学界全新视野，为避免大量病人发生医疗事故及医院纠纷发挥了不可估量的作用。

这种人性化的医疗质量管理开创了人类医学新历史，成就巨大的护理效果。1873 年，南丁格尔应用自己的方式，进行着全球首创的改革。生命，因为南丁格尔的质量管理而改变。

西方很多研究人类的专家们认为人性是天生确定的，要么善，要么恶，固定不变，与后天教育关系不大。中国古代也有很多关于这一方面的观点，比如“人之初，性本善”。但是，质量这一概念从诞生那一刻就表明人类发展必须有品质，质量管理从一开始就是基于如下前提：人是可以管理的，人是可以受到教育的，人可以被培训成为有质量、有品质、有高尚操行，可以用先进的科学手段武装起来的人。如果没有这一前提，没有这一假设，质量管理就无从谈起，所有的科学方法，所有的管理方式，也都不成立。

因此，质量管理和科学管理的第一个前提就必须认定人性本善，人是可以管理好别人的，人也是可以被管理好的。纵观人类历史和社会进步，不管是国家还是企业，是大集团还是小公司，如果决策层没有人性本善的意识，如果一味追求恶行，纵然拥有再多的财富，也无法真正为普罗大众生产有质量的产品和提供优质的服务。

质量管理的第二个前提就是一切都围绕着经济意识和经济手段进行，如果质量管理没有经济性，即使再高级、再科学，也可能没有价值。但是，经济性并不仅代表短期利润，更包括因长期声誉而产生的深远价值。

日本索尼以其精美产品、一流品质闻名于世。但许多时候索尼也开发一些看似好却毫无意义的产品，并且不计成本。2004 年 8 月索尼发布 QUALIA 005 液晶电视机，首创三基色 LED 背光元件以及显示器背光且可变换各种颜色，NTSC（美国国家电视标准委员会）色域超过100%，还暗藏着丰富的“黑科技”，市场售价约十万元人民币。这种烧钱产品市场份额极小，普通家庭不要说买，就是连看也不会看。

大众汽车收购并重新打造的天文级跑车怪兽，布加迪威龙，一台售价半个亿，米其林专门为其定制轮胎，一个轮胎的价钱就等于一辆帕萨特。

为什么他们都要这样做？这是一种引领作用，一种领导行业的尝试，为了证明自己有能力生产高品质产品，纵然不惜成本不计报酬。

最后一个前提，质量管理从根源上来说是要为社会服务，而不是只为了某些特定群体服务。如果质量管理只是为了个别人服务，那这样的质量管理毫无意义，因为在这种情况下无须产生任何的科学质量管理，也无须产生更高级的质量管理，服务个别人的东西可以用一些单一的、非专业性的手段来达到目的。

劳力士，历来肯花大手笔打广告。一次劳力士为美国导演卡梅隆深海潜水活动特别打造一款全新型腕表，深潜可达12 000 千米，安置在深海潜水器 DEEPSEA CHALLENGE 的一只机械臂上面。这种毫无“人性化”的产品当然无市场，但劳力士想展示其质量的深意不言而喻。

## 第四节　质量管理商品价值观和社会效益观

狗整天跟着人四处跑，而猫不屑当狗腿子，仅以可爱外表吸引人。但猫比不上鹦鹉，鹦鹉学舌能轻易讨好人。但是，鹦鹉和乌龟相较又差太远。神龟寿千年，一只寿命极长的乌龟，足以引起社会效应。

西方经济学主流观点认为，企业追求的目标就是经济效益最大化，产品的质量所带来的效益必然是为此服务。没有效益的产品是徒劳无用的，甚至浪费资金和时间，影响企业未来的成本收益。

因而，如果质量的改进不能给企业带来经济效益，管理手段越高明成本越高，质量所起的反作用越大，这样的质量管理对工厂、企业来说无疑是不能接受的。企业在日益严峻的竞争压力面前，投入质量管理工作的成本反而会成为加速企业破产、消失的元凶。

2011 年诺基亚决定再次增加对手机的投入，为了满足消费者的需求，从根本上提高手机的质量，诺基亚在伦敦和另一世界顶尖巨头美国微软公司合作，采用 Windows Phone 系统。两年后，诺基亚还是得不到市场消费者的青睐，不得不把这项业务完全剥离出来，由微软收购，交易金额共计 71 亿多美元。

虽然微软对手机业务和质量研发的投入增加，却并没有在市场上得到相应的响应。尽管微软有着宏大计划和伟大创意，增加新投入来深入探究消费者的使用习惯，可是对诺基亚手机业务的收购还是完全失败了。

微软 CEO 萨提亚·纳德拉对于这个并购案，很坦诚地反省：“在我出任首席执行官几个月后，收购诺基亚的交易正式完成，我们的团队着力开发采用新设备和新操作系统且能提供新体验的 Windows Phone。但要收复我们已经失去的领地，为时已晚。我们已经被竞争对手远远甩在了后面。几个月后，我宣布这笔交易失败，并计划裁减近 1.8 万个工作岗位，其中大部分裁员是因为这次对诺基亚设备和服务部门的收购。裁掉这么多有才华的、热爱工作的员工，让人感到心痛。”

索尼是日本企业巨头，专利产品不计其数，有资料显示索尼公司专利数量在2011年5月13日就达到447 118件。但有许多专利本身就是无实际应用的，也有许多是索尼申请了并延续保护却束之高阁的，这些专利在索尼手里只有一个功能：预防别人发明或应用这个专利挑战索尼地位。中国某著名新兴品牌在这点上青出于蓝而胜于蓝。社会效益让位于大企业的垄断利益。

从质量概念的内涵演变可以看出，质量管理价值观的变化，由最初为工厂、企业搞好产品质量服务，从而保证工厂、企业生存和发展以及单纯的企业效益最大化，到为了满足客户需求，这是一个非常重大的飞跃。

满足客户需求包括各种方面，特别是客户问题的解答和沟通，中国电信在这方面不断努力以提高服务质量。以前人们对中国电信意见很大，其实主要原因不是服务不好，而是跟客户的沟通交流以及响应速度存在问题。现在，中国电信客服人员很耐心地倾听客户的投诉，尽量平复客户的情绪，做得比以前好很多。在响应方面，外包受理的工程师响应很及时，对故障的处理也相当快捷，还能够主动打电话和客户交流。有些故障，虽然反复出现，甚至一两天都没能够消除，但是由于交流沟通及时，甚至留下工程师的手机号码，让客户有问题随时能够找到工程师，最终，服务质量有了较大提升。而广州珠江宽频的客服则更进一步，往往能够即时在电话那头解决大部分技术问题。

但质量管理的价值观递进还不仅限于此。按照马克思主义的观点，价值是凝结在商品中的无差别的人类劳动，而整个社会大生产是日益密切联系、不可分割的，因而，更重要、更先进的价值观出现了，就是满足整个社会、整个国家的相关需求。在当今中国，环保、健康、全民感受等价值观已经深入人心，如果一个产品只能满足个别人需求却影响了全民健康、社会发展，这样的产品即使质量再好也会被社会淘汰。山西拥有优质煤炭，随着社会的发展和进步，这些“优质产品”的无节制开采和应用也受到国家严格管制，不仅是因为过量开采导致环境问题，还涉及人民安全、国家安全。江西历来是“世界钨都”，还是世界顶级“稀土王国”“中国铜都”，“有色金属之乡”也名副其实。但是江西省的某些地方由于矿资源过度开采而造成重金属污染，粮食产量受到影响，耕地大有失守之势，已经严重影响了人民健康。好在近些年当地政府已意识到问题严重性，着力进行改变。

2015 年 5 月，九江某粮油公司生产的大米被检测出镉超标，受到了监管部门处分。2017 年 10 月，九江市柴桑区港口街镇，经采样送第三方检测机构检测发现，有稻谷重金属镉超标，土壤内重金属镉、砷更是严重超标，灌溉水源及湖底泥的镉、砷也超标。其中一村民家的稻谷中镉含量为 0. 312 mg/kg，超出《食品安全国家标准　食品中污染物限量》（GB 2762 – 2012 ）规定的 1. 56 倍；另一家的晚稻中镉含量更是高达 1. 62 mg/kg，超出标准的 8. 1 倍。土壤中，不仅重金属镉超出标准 14. 2 倍，砷含量也达到土壤临界值的 7. 13 倍。

亡羊补牢，为时不晚，基于之前法律、法规对矿山地质环境保护缺乏明确规定，以及义务和责任主体不明等多种因素，2015 年 5 月 28 日，修订后的《江西省矿产资源管理条例》执行。

## 第五节　质量强国

质量强国，是党的十八大唱响的主旋律，这反映了当前社会共同价值观和质量管理目标，国家强盛来源于有质量的产品制造能力，国家的发展离不开各行各业有质量的发展和推进。

虽然我国各种产品的质量水平不断提高，甚至有不少产品处于世界领先地位，但中国的制造业整体质量水平仍然滞后于日本、欧美等发达国家和地区。有观点认为我国应将“质量强国”上升为“国家战略”，“质量是兴国之道，强国之策”。

党的十九大报告指出：“我国经济已由高速增长阶段转向高质量发展阶段……必须坚持质量第一、效益优先，以供给侧结构性改革为主线，推动经济发展质量变革、效率变革、动力变革……”

报告中首次提出要建设质量强国目标，“加快建设创新型国家。创新是引领发展的第一动力……为建设科技强国、质量强国……提供有力支撑”。

国家质量实力体现在软质量实力方面，包括缺陷产品的响应和处置能力；危机应对响应和处置能力；质量有效信息传播和消除能力。

除了伟大的航天探索，中国还在不少领域打造质量强国名片。

原国家质检总局开展“质检利剑”行动五年来，共查处各类相关质量违法案件28.3万件次，并且对3 364万辆汽车和1 438万件消费品实施召回，以壮士断腕的决心为“质量强国”目标打造了坚实的基础和全民质量意识。

继“蛟龙号”后，由广州海洋地质调查局牵头研制的“海马号”4 502米深潜成功。另外无人深潜器“海斗号”成功突破万米极限。潘建伟团队将量子通信安全距离扩展至200公里，首次将成码率提升了3个数量级。中国原子能科学研究院成功研制出世界上最大的紧凑型、100兆电子伏强流质子回旋加速器。此外还有袁隆平团队的超级稻亩产破1 000公斤。北斗系统的建设和应用，外尔费米子的发现，高铁事业的高速高质量发展，等等。

质量强国上升为国家战略无疑是振奋人心的，但人们还没认识到质量工作的决定性意义。实际上，单从产品质量或者是服务质量来说，人类的进步显然还停留在物质时代。

# 第三章 质量管理意识

19世纪中叶，全世界现代医院的建设处于起步阶段，走在发展前列的英国医院还没有形成一种标准建设模式。各地医院自行其道，连疾病命名与分类都没有统一标准，相当混乱。这时候，南丁格尔站出来，制定了科学的医疗统计标准模式，被英国各医院相继采用。南丁格尔作为医学视觉表现和医疗统计图形的先驱被永远纪念。这就是现代意义上的质量管理意识和实践！

## 第一节 质量管理意识概念

一位一向很欣赏德国质量的朋友在香港花了一千多块钱买了一个德国生产的花洒。十多年过去了，花洒用起来感觉还非常好，但是前段时间就越用越不对劲了，出水不均匀。后来，他请了一位老师傅上门检查，原来是他自己将花洒卸下来清理污物，然后又自行装上去导致的。如果是国产花洒，完全不成问题，但德国的东西就是奇怪，装是装上了，用起来就是不一样。老师傅经验丰富，经过一些时间摸索，很快解决了问题。这个例子说明了什么呢？别看一个貌似很简单的产品，但它所蕴藏的技术、质量是系统性的，如果我们中国没有一种系统性的先进质量管理哲学，我们的产品要从根本上进入先进行列很难。

苏联第一个五年计划就显示出了巨大潜能、生产力和创造力。“二战”结束后不久，苏联和美国进行了太空竞争，但苏联抢先一步把宇航员送入太空，并且在太空领域的高科技有许多方面令美国望尘莫及。但是，苏联国内的各种轻工业制品、日用品却相当匮乏和粗糙，许多东西必须从东德和欧洲等地方走私进来。有这么一个段子，一位中国人在莫斯科商店观看苏联生产的电视机，苏联同伴拦住他说：“别买，说不定会爆炸，我们的电视机是专门给我们的敌人生产的。”

质量意识是指每个人对质量或者质量工作所理解和认可的程度。

ISO 质量管理标准明确指出："只有人员认识到自身的责任，以及他们的工作如何有助于实现组织的目标时，他们才能具有质量意识。"

质量管理意识则是特指为达到质量管理目标，对质量或质量一切相关工作所进行的所有管理意识。质量管理意识，通常指的是群体性的意识，是人们在社会生产和生活中对质量管理长期形成的一种群体性共识，不以某个人的意志为转移，但同时也可能在一定阶段服从某个人意志，受到某个人意识的制约。

共享单车其实并非中国发明，自 2007 年始，国内就慢慢引入了国外的公共单车模式，由政府主导，各城市自行建设和管理。后来，ofo 和摩拜开始发力占据市场，以押金模式为主，在一些大城市兴起，投放量最多的是 ofo，曾达到 80 万台，摩拜 60 万台，两者的市场占有率加起来超过 90%。虽然共享单车给大家提供了交通便利，但是有两大问题始终困扰着共享单车：一是经营不善、管理不衔接，二是骑乘质量差。如 2017 年 3 月，上海就因影响城市交通、损害文明形象、坏车故障多等问题收缴了 5 000 多辆共享单车。但是，由于需求旺盛，共享单车还是一路勇往直前。2017 年 2 月，ofo 率先进军新加坡；6 月，摩拜单车登陆英国大城市曼彻斯特，然后进军日本。

目前，中国的共享单车已经为超过 170 座城市提供 800 万辆的服务，另据一些统计数据显示，共享单车日订单超过 2 500 多万，出行服务超过 30 亿次。即便是经过十多年的探索和发展，共享单车始终未能妥善解决管理服务和质量服务这两大问题。本来用户每次使用完哈啰单车，App 上都会让用户填写用车意见、感受，但有多少人会填呢？即便是有许多人提出意见，能否实现也只能看企业的心情。

这是一种典型的中国质量管理意识，很难证明是以质取胜，但它的确在市场上占据完胜地位。

## 第二节 质量管理意识基本特点

### 一、积极方面

一是科学性。当前阶段，由于科学技术在生产中扮演着越来越重要的角色，对整个社会进步作用非常明显。质量管理意识基本上是科学占优，科学作为意识的主流形态发挥着日益重要的作用，典型的如泰勒制和福特生产方式变革。

二是趋高性。质量管理意识有高低层次之分，高层次意识通常是由实践和成绩客观表现出来，效果清晰、明显。企业质量管理意识通常具有趋向高层次意识的特征，而往往忽略了这样的意识是否适合自己，能否为自己提升质量做出贡献。

据丘吉尔《第二次世界大战回忆录》，当年丘吉尔为了“二战”胜利，多次亲自冒险坐飞机到国外会见罗斯福。有一次在飞行途中，丘吉尔夜里睡觉差点被飞机上烤火升温用的柴火烧着了，当时两位机乘人员认为必须不断加柴火才能保证基本的温度要求。但是，丘吉尔想到如果继续添加柴火和不停地燃烧，整个烤炉就有在飞机上爆炸的可能，所以为了安全，他只能忍受住极度的寒冷，告诉机乘人员不能再添加柴火了，冻着熬过了整个飞行航程。相比当年这位大不列颠首相所乘坐的飞机，现在我们普通人坐飞机很难够想象当时竟然会有如此恶劣的条件，因为现在普通飞机都已经非常舒服了，而且整个温度调控已经达到了很高水平。但问题是很多人对飞机质量还是不满足，天气等各种原因所造成的恐慌和担心还很多，所以人们对质量的要求是不断提高的，只要达到一定层次，就会追求另外一个更高层次，并且永无止境。

三是行动性。质量管理意识一旦形成，甚至一有苗头，往往能够形成强大的行动力，并得到立即的执行和强制的措施保证。目前中国行动性相当高，当初铁人王进喜有句鼓舞人心的名言：“有条件要上，没有条件创造条件也要上！”

### 二、消极方面

一是唯上论。组织内的质量管理意识通常是由上至下形成，如果高层不重视，再好的质量管理意识也得不到组织认同，同时这也造成了质量管理意识的唯上性。无条件服从是整个组织质量管理意识的一大特点。

二是被动性。通常质量的管理总是处于被动的，不管是要改变质量、提升质量，还是要消除缺陷，企业总是处于被动状态。

三是迷信。一旦质量管理意识被高层所接纳，那么不管这些意识是否具有反向作用，是否适合该企业，整个企业的思维都形成了一种迷信，认为该意识非常合适，并不允许其他因素干扰和抵制。

唯上论、被动性、迷信往往是捆在一起，在中国历史上从来不缺少这样著名的例子，如指鹿为马、画饼充饥、叶公好龙等。

质量管理方面的唯上论同样有不少例子。诺基亚作为之前世界第一手机品牌，长期以来无论质量还是销量都高居手机界榜首，无人撼动其领袖地位！但为什么失败了呢？至今诺基亚曾经的CEO埃洛普都想不明白，他曾在公开场合抛出一句话：“我们并没有做错什么，但不知为什么，我们输了！”相信埃洛普并非故意搞垮诺基亚，而根本原因就是埃洛普一直唯微软为上论，迷信微软高层的能力。

## 第三节　质量管理意识的分层

质量管理意识可分为以下四个层次：

### 一、第一层次是原始的或者是基础的质量管理意识

原始阶段实质上就是没有任何的现代质量管理意识（但不等于说是没有质量管理意识），或者只是具有非常朦胧的质量管理意识，既没有科学管理，也没有质量管理体系，但是已经有了质量的概念。能够把握住质量是商品生存的关键，是企业发展的必要条件。企业领导或者是企业的管理人员能够清楚地感觉到没有质量管理就没有质量，如果说质量是生命，那么质量管理就是生命的保障，是生命继续往前发展的必要条件。

钻木取火其实是相当考验质量的一项工作。远古如果取自天然的火种熄灭了，又钻木不成取不了火，整个部落，甚至整个人种可能就灭亡了。没有质量，就没有火，没有火就无法抵抗寒冷，无法烤熟食物，当时的人们可能就无法继续生存下去。

在莱特兄弟发明飞机的过程中，飞机的质量直接关系到他们的生命安全。两兄弟制造了三架试验机、两百多个不同的机翼经历了一千多次风洞和一千多次滑翔飞行试验，修正了前人的一些相关方面的数据，重新设计出能较好取得更大升力的机翼形状，然后再请人定制出合适的发动机（活塞式，77.2 公斤，12 马力），直到这些必备过程全然有把握，有质量数据支撑后，莱特兄弟这时候才开始进行真正的试飞。

莱特兄弟的飞机发明创造方式是典型的预先控制方式，也只有这样，才能将整架新飞机的质量控制到最低满足起飞程度，兄弟两人才能在伟大的冒险中赢得胜利。

人类的飞行历史在两位普通工程师手中得以改变。这是人类走出摇篮的最初质量动作，人类未来实际会由于这种无以伦比的质量行动产生绝然不同的结果。

## 二、第二层次是初级的质量管理意识

这个阶段意味着对质量管理开始有了一定的探索，应用了一定的方法，但是这些方法都不是基于科学的管理，离科学的应用还有相当的距离。

同时，此阶段是在集约化大生产的背景下产生，若没有社会大生产和再生产，光凭个人的手工作业，是很难有相关需求来开始这个阶段的。

列宁在《苏维埃政权的当前任务》中提道，“在任何社会主义革命中，当无产阶级夺取政权的任务解决以后，随着剥夺者及镇压他们反抗的任务大体上和基本上解决，必然要把创造高于资本主义的社会结构的根本任务提到首要地位，这个根本任务就是：提高劳动生产率……”列宁同时指出：“学会工作，这是苏维埃政权应该充分地向人民提出的一项任务。资本主义在这方面的最新成就泰勒制，同资本主义其他一切进步的东西一样，既是资产阶级剥削的最巧妙的残酷手段，又包含一系列最丰富的科学成就，它分析劳动中的机械动作，省去多余的笨拙的动作，制定最适当的工作方法，实行最完善的计算和监督方法等。苏维埃共和国无论如何都要采用这方面一切有价值的科学技术成果……应该在俄国组织对泰勒制的研究和传授，有系统地试行这种制度并使之适用。”

泰勒制实际上就是最基础的一种质量管理哲学。

1913 年，美国福特汽车 T 形生产线是一个典型例子。汽车本来是德国人的发明，但美国人亨利·福特一世深刻意识到，不改变当时的汽车制造方式，汽车永远只能属于王公贵族。通过不断思考和创新，福特创造了一条既能快速生产又能牢牢把控质量的新型生产线，完全摒弃了手工作坊的原始方式，开创了现代大生产质控和效率完美结合的先河。以前生产一部汽车平均需要 12 个多小时，采用 T 形生产线后一下子就缩短至 1.5 个小时，生产环节由原来的无法把控整车质量，变成了分工更加科学精细，每一个环节更加严格管理控制。现代意义上的生产率和高效质控从此出现了！

## 三、 第三层次是普通科学质量管理意识

这个阶段，为什么说是科学的？因为这一阶段开始在质量管理理论和实践探索中广泛地应用科学技术。但为什么说是普通的呢？因为这一阶段才刚刚开始意识到科学技术的巨大威力，开启初步的应用，但还远远没有把科学技术深入地应用到各个领域、各个阶层的质量管理中，离科学的全面把控、精确生产、精准把控以及云网络大数据快速分析还有很大距离。

这一阶段主要体现为全面质量管理和零缺陷质量管理意识，可以说，这一阶段的主要特点就是全员参与，并充分应用了科学技术方法和技术成果，控制全过程和各种因素，以经济高效及先进的管理方法生产客户满意的产品或服务。

## 四、 第四层级是高级、 丰富的科学质量管理意识

这一阶段主要体现为系统零缺陷质量管理意识。

质量管理发展的历史到今天已经进入了第五个阶段。

第一个阶段是 20 世纪初到 30 年代以质量检验把关为主，是从半成品或者产品中挑出废品和次品，是一种事后把关式的管理，它依靠的是检查人员的经验和责任心。

第二个阶段是 20 世纪 30 年代到 60 年代之间这个阶段，属统计质量控制阶段。它适应生产力大发展的要求，利用数理统计原理对生产过程进行分析，及时发现异常情况，从而采取处理措施，使质量检验发展由事后把关变成事前控制。

第三个阶段是 20 世纪 60 年代进入了全面质量管理的阶段，开始是 TQC，后来发展为 TQM。最主要特点是：抓质量不仅仅是抓生产制造的质量，更是从源头抓起，从设计开始一直贯穿售后服务的全过程，要动员全体人员来参与这项活动，要以顾客为关注的中心来开展活动。因此全面质量管理意味着进入全攻全守型的阶段。

第四个阶段也处于 20 世纪 60 年代，即质量保证阶段，就是我们所说的 QA，以军工企业为代表，它把企业一切应该做的事情制成质量手册，通过程序文件以及一系列的质量表格文件来控制，它的观点是想到的就要写到，写到的就要做到。用严密的程序手册来保证过程的进行。这阶段一直延续到我国 20 世纪 80 年代后期到 90 年代，其中最典型的就是 ISO 9000 系列标准。

第五个阶段是 21 世纪以后，即零缺陷质量管理阶段，这阶段已进入质量哲学时代，以美国克劳士比为代表。他主张抓质量要从人抓起。人的素质提高了，才能真正使质量获得进步。这阶段的目标是第一次就把事情做对，而且把每次做对作为奋斗方向。

回顾质量管理的这五个阶段，可以看到，我们的企业、社会现在处于一个混合发展阶段。有些企业在申报 ISO 9000 系列标准时，会采用全面质量管理的方式或办法，拥有良好的软硬件条件，但是在实际操作中却又连一些最基本的检测、质量纠正都流于形式。

# 第四章　质量管理哲学

哲学家的定义应该是热爱智慧的人，而不是有智慧的人。——苏格拉底

哲学是什么？
质量管理是什么？
为什么说质量管理是哲学？
质量管理的哲学思想是什么？
质量管理的思想和哲学有什么关系？

## 第一节　定　义

在苏格拉底之前的时代，宇宙的本原是什么？世界是由什么构成？这种“自然哲学”问题是哲学的主要研究内容。苏格拉底则认为这些研究无实际意义，他开创人类本身的研究，研究人要具备什么品质才能治理国家。

“我的朋友不是城外的树木，而是城内的人。”目前，公认的思想揭示，哲学是关于人们世界观和方法论的理论体系。马克思主义观点认为，人来源于自然又超越自然。而作为主体参与质量活动的人类，其质量管理的思想离不开一般意义下哲学的思想方法，但同时也在进行超越和自我进化。

马克思主义者认为，实践是感性与理性的统一，认识的过程是感性认识—理性认识—感性认识（新的实践）。质量管理哲学很好地体现了人类这一共性，并且也很好地实践了这一点。

质量管理哲学的定义可分为狭义的和广义的。

狭义的质量管理哲学是用哲学的思维解决人类社会在发展过程中所遇到的质量及质量管理方面的问题。

广义的质量管理哲学不仅仅研究企业、公共机构等管理方面的世界观与方法论，而且研究人类社会所有实践活动能否有质量地进行，探索相关主客体矛盾运动规律的真理，根本任务是改造世界，让世界有质量地向前发展。

如果说研究世界本原的是自然哲学，研究人类对世界的认识以及人类本性的是伦理哲学，那么质量管理哲学就是行动哲学，并且是关乎人类生存与发展、未来与挑战的至关重要的行动哲学。

一句话，质量管理哲学是人类向前发展的充分必要条件，是人类向前的行动哲学。

目前，质量管理科学越来越受到人们的重视，质量管理涉及诸多方面的内容，数理统计、化学分析、物理测试等技术手段的应用也越来越广泛；而质量管理哲学思维意识也相应得到越来越广泛的拓展和应用，如美国克劳士比的零缺陷质量管理哲学已经风靡全球，在人类生产生活中发挥了极大的促进作用。但是，质量管理能否合适地提升到哲学的层次和高度，以及提升到这样的高度能否显现出功能和发挥作用等方面尚未有人进行系统性的探讨。

辩证唯物主义者认为，物质决定意识，但意识反过来也作用于物质。在社会生产中占有重要地位的商品不可避免地产生质量需求，而这种需求不可避免地引入了质量管理科学，而质量管理科学的发展对商品质量起到重要作用，这一过程正好映射出质量管理意识能动性。有些专家学者认为，质量管理科学可以分为质量管理自然科学和质量哲学两个部分，实际上这种认识本末倒置了。质量管理的第一性是商品这种物质，这是最基础的，然后是质量管理对应的各种技术手段，以及由此形成的标准体系、管理科学，而最高层次的探求则是质量管理哲学思想。

古希腊哲学家苏格拉底在人类历史上享有崇高的地位，他认为哲学家应该是热爱智慧的人，也就是说，智慧是哲学的核心关键特征，质量工作者应该努力地运用自己的智慧去面对质量现实世界。

## 第二节 辨 析

### 一、与一般哲学的区别

马克思在《关于费尔巴哈的提纲》中提道，哲学的根本任务是改造世界，而不是解释世界。这实际上反映了现存的许多哲学思想是不存在改造世界的主旨的，认可与忍受往往是这些哲学的宗旨，也是上层建筑喜欢传播的思想。普通的哲学可以完全是信仰，更多的是需要越来越多的人去追捧。但质量管理哲学不同，对与错可能和成与败直接挂钩，失败则被历史淘汰和遗忘，成功则流传于世。质量哲学存在的首要前提就是探索解决问题，改造世界是其最根本的任务，不能改造世界就谈不上有质量，更谈不上质量管理哲学。

### 二、与管理科学的区别

管理科学是研究管理理论、方法和实践活动的一般规律的科学。质量管理哲学必须包含管理科学，必须是在这个基础上进行研究，否则就毫无意义，谈不上现代化的管理，更谈不上有质量地改造世界。

但是，两者之间是有明显区别的。管理科学着重研究具体理论和方法，质量管理哲学更强调的是宏观方面的理论和认识。两者在外延上更加不同，质量管理哲学研究的范围更广，包括管理科学所有内容和方法。在实践结果上也不同，管理科学在实践的探索上可以允许失败的理论与方法，但质量管理哲学在实践中必须摒弃失败的理论与方法，更强调结果有质量。

### 三、与质量管理科学的区别

质量管理哲学与质量管理科学是包含与被包含的关系。

### 四、与管理哲学的区别

管理哲学是指管理范畴的普遍原理、原则和哲学观，通常是在科学管理范畴内讨论。

从这个意义上来说，管理哲学和质量管理哲学是相通的。但是，管理哲学能否包含质量管理哲学呢？从字面上理解，质量管理哲学是管理哲学的一个分支，但并非完全属于管理哲学。这是由质量管理本身特性决定的，它必须依靠科学技术的发展，否则谈不上真正意义的质量；也必须依靠人类的艺术创新，否则这样的质量管理永远是停留在一个层次、一个局域，也无从谈向前发展。但管理哲学不同，它可以一定程度忽略科学技术进步，也可以停留在原地转圈圈。

### 五、与质量哲学的区别

质量管理哲学与质量哲学基本属于同一范畴的两个概念，都是试图用哲学思维解决质量问题，但质量哲学强调一种意识，甚至不需要探寻这种意识的科学或逻辑来源，而质量管理哲学更加强调的是人类管理及有质量改造世界的活动，必须建立在实践基础上。

随着科技高速发展，人类社会日新月异，质量管理科学和质量意识越来越受到世人的重视，与此同时，如何解决复杂的质量与质量管理方面的问题，特别是和社会科学、自然科学及哲学明显不同的矛盾冲突，既需要立足于人性化、思维复杂性、社会系统性的基础，又需要依靠自然科学基础。科学技术是第一生产力，因而，科学质量管理哲学应运而生。

只有建构好这一总纲性哲学体系和实践架构，质量及质量管理相关问题才能更好地解决，社会才能更好向前发展，而不是被某些哲学的似是而非所贻误。

## 第三节　质量管理哲学的作用

行动就是最好的哲学，如果还有更加好的，那就是有质量的行动。

中国是有行动的，但是，缺乏有质量的行动，准确地说是缺乏独创的质量管理理论及由此带来的独立的、整体一致的质量实践成果。如果一个国家有了质量管理哲学，就会有很好的应用实践及成果；但是，若干年后，如果这个国家最后各方面的质量实践一塌糊涂，实际上，这个国家的质量管理哲学也随之消失了。所以从这个意义上来说，质量管理哲学是一门行动哲学。质量管理哲学具有以下作用：

（1）一切相关的质量管理理论和管理实践都必须由某一质量管理哲学的思想指引。

（2）质量管理哲学贯穿于整个质量管理活动的全过程。

（3）任何质量工作者总是自觉或不自觉地在一定的质量管理哲学的思想观点和方法指导下工作。

## 第四节　质量管理哲学的构成

质量管理哲学的构成包含但不局限于如下几个方面：

（1）质量及其相关概念、意识、历史。

（2）科学质量管理理论体系。

（3）质量管理文化、质量管理艺术。

（4）质量管理辩证法（主客体关系论、矛盾论、互变论、否定之否定原理）。

（5）质量管理论（系统论、认识论、实践论、方法论）。

这是一个最基本的架构，还需要在实践中逐步摸索和发展。

## 第五节　基本流派

目前的质量管理哲学流派，实际上还未谈得上有多么成熟和深入人心，它仅仅处于萌芽阶段。在人类几千年的文明发展历程中，科学管理发展也只有短短的100多年，而质量管理哲学思想的诞生虽然伴随着人类社会与自然的交融，但也只是处于朦胧阶段，真正谈得上有意义、有价值的质量管理哲学，也只是由于科学管理出现后促进了流派的形成。

经过考查目前质量管理方面信息和相关实践，可以粗略地把质量管理哲学流派分为五个方面：

一是以行政命令或者口头命令为主，同时以官僚层级监督、法律法规为主的行政法治质量管理流派。

二是以技术经验为主，注重言传身教、技艺传承、精益求精、巧夺天工的技艺经验质量管理流派。

三是以人文关怀为主，从管理的目标对象及被管理者的人性化等思想方面实现现代人性关怀和服务意识最大化的人文质量管理流派。

四是科学质量管理流派，包括目标管理、过程管理、系统管理、方法管理，也包括标准规范、人文关怀等。其主要思想认为，生产过程、服务过程都必须严格控制、科学管理，效率和效能决定成败；在泰勒理论出现以后，科学管理理论得到不断补充和完善，但是泰勒制的局限性也逐渐显现出来。泰勒理论的前提是把作为管理对象的“人”看作是“经济人”，利益驱动是该学派用以提高效率的主要法宝。科学质量管理流派研究的重点是管理的科学性、严密性和纪律性，很少去考虑人的因素。

五是标准规范质量管理流派，其整个体系的建立和认证评估、质量管理相关作业和活动都以严格遵循标准规范为准绳，认为质量过硬与否完全依赖能否严格按照标准规范操作。标准规范质量管理流派认为，质量管理中所有相关的活动都必须标准化、规范化。

这个流派的分类可能有混杂交错的地方，各个流派的主要特征更多体现在大多数人的共识和共同的行为规则上。

行政法治质量管理流派，以口头命令为主的质量管理主要存在于众多中小企业、小型服务提供商中。大型企业和大型单位在目前阶段基本上比较规范化，更多地以规范性条文为主要质量监督执行依据。这个流派的质量管理方式虽然更多地采取了单方面的强制措施，从根本上与质量以人为本相违背，但在一定社会发展阶段，正如法律一样，是为了保证大多数人的合法权益必须采取的有效措施，况且执行的效率之高、威慑力之强是其他质量管理方式无法比拟的。人类早期质量管理基本上以这种质量管理方式为主，甚至形式更加野蛮和粗暴。在现代法治社会中，主要方式方法已经今非昔比了。这个流派的质量管理方式如果不融合科学质量管理方式方法，过于单纯追求行政命令的权威或者是法律法规、部门规章的强制执行，即便效果很好，但面对日益复杂和迅猛发展的社会，在解决实际质量问题上也会显得力不从心。

技艺经验质量管理流派主要包括众多需要传统手工艺的小微企业。如在意大利威尼斯，还保留着非常传统的玻璃工艺。工匠大师在一根很长的铁棒上放上玻璃材料，放进高温火炉燃烧，然后抽出来，同时，另一只手拿着一根看上去毫不起眼的小杆，非常迅捷地放在烧红的流体状玻璃材料边上，这么一转那么一绕，一个有着漂亮弧度的玻璃杯就出来了。精湛的技艺、娴熟的流程，凝聚着一代又一代手工匠人的辛勤汗水，这个就是质量的保证，是任何行政命令、官僚层级无法产生的。在欧洲，还保留着许多类似的生产方式和服务方式，甚至连法拉利都是全手工打造，每辆车都是一件艺术品，每台发动机都由制造者亲自铸上自己的名字。这就是最高质量的标志，无须迎合什么ISO体系，无须什么监督检查，因为大师完成的每一件作品都具有最高质量。

人文质量管理流派主要体现在医疗、教育、餐饮、酒店、旅游、运动等服务性行业中。现代以人为本还体现在对环境的保护、对自然法则的尊重等方面。如某些省份以前对煤矿、铁矿等矿山的开发监管存在失误，导致粮食等农作物重金属超标，即便农户、作物的管理再怎么到位，科学管理再如何提升，也无法从根本上避免重金属对人体的伤害。

科学质量管理流派，包括许多种不同的科学管理理念和方法，从最初为了提高生产效率、减少废品率的泰勒制开始，到目前流行的全面质量管理，及更高一级的系统零缺陷质量管理。其中较为著名的有：20世纪初美国耶鲁大学数学、物理学博士爱德华兹·戴明基于统计质量控制和统计过程控制的质量管理法，即戴明环（“PDCA”循环）；美国芝加哥洛约拉大学朱兰的三部曲（质量计划、质量控制、质量改进）及质量螺旋和二八法则等质量管理法；日本的田口质量工程方法、美国的六西格玛、8D工作方法、各类品质控制工具等。到后来还产生了美国的零缺陷思想、日本企业的“双零管理”以及中国系统零缺陷原理等。

标准规范质量管理流派，从严格意义上来说是全面质量管理的一部分，是科学质量管理流派中的一种，但由于太突出，且为人们普遍接受，尤其以ISO等一系列国际标准为所有质量活动准绳，所以本书单独将其列为一派。除了 ISO 系列标准外，还包括各国国家标准、行业标准，甚至是企业内部标准也可以列入其中，如欧洲经济合作与发展组织（OECD）所确立的良好实验室规范 GLP 模式、GMP（良好作业规范）等，及 FAO/WHO 的危害分析和关键控制点 HACCP 体系应用准则等。

各个管理流派的主要思想就是只要采取了适当的方法，关键是适合自己的方法，那么这样的质量管理就走向成功了。人文质量管理思想，从管理的目标对象以及被管理者的人性化等方面都实现了现代社会的人性关怀和服务意识最大化。

# 第二编　质量管理哲学的过去

# 第一章　人类的生存、发展与质量意识的萌芽

火种，人类文明的开始，也是人类质量的先驱。

人类是否有与生俱来的质量观？缺失有质量的历史演进会有人类出现吗？

远古人类可以说最主要是做了三件事，从而区别于动物，达到目前人类社会的高度，这三件事可谓人类早期生存与发展的大事，质量意识在此漫长过程中逐渐萌芽与发展起来。以下分别述之。

## 第一节　取火、用火

在远古时期，没有质量的取火不可能战胜当时恶劣的生存环境，可以说，当时最需要做的唯一一件有质量的事情就是取火，而下一步更有质量、更有挑战的事情就是保存火种，这个阶段自从人类开始大概经过了二三十万年的漫长时期。在这期间，人类只是做着这样一件有质量的工作，不需要什么质量管理体系，也不需要什么精确度，更不需要高深的质量方程式，只需要一点技巧、一点努力。

人类用火的历史本身就是一部质量管理史，由最初用几十万年时间学会天然取火到人工生火、保留火种，直到现代的核聚变，整个发展史充满了生存与死亡的挑战，一代又一代的人类为此付出了自己的才智和汗水，甚至是生命。

据考古确证，距今二三十万年前，早期智人就已学会了保存天然火种，并且掌握了人工取火的办法。大量考古发掘也证实了这一点，例如在德国北莱茵—威斯特法伦州州府杜塞尔多夫的尼安德特人遗址中，就发现了敲击燧石人工生火的遗迹。在我国，现藏于甘肃省博物馆的草苣和木燧，据说是迄今为止全世界最早的钻木取火工具。

此外，现在发现的多种取火方法都能在非洲找到踪迹，如钻木取

火、弓钻取火、折叠藤条取火、简易刨子取火，而非洲的易洛魁族式取火法关键是利用绳子和横板使取火的钻轴飞快旋转，中间用木轮做加速器，取火效率相当不错。

人工取火和人工保存火种几乎是同一件工作的两个方面。如何有质量地保存火种，古代人也想了许多办法。

从第一个人类发现火具有非常巧妙的功效后，到能够采集自然的火种并保存运用，再到人类能够普遍地掌握人工取火，这段时间是多么的漫长，也许是几十万年，也许是上百万年。

人工取火可谓是人类有史以来最为漫长的一项工作，也是第一项改变了人类历史命运和人类整个文明史进程的最有质量的工作。虽然这项工作也可谓是人类有史以来最为艰难、最为曲折的一项，却是人类最伟大、最具创造力、最不可估量的一项质量工作。

## 第二节　集体协作

鲨鱼为了捕食躲在冰礁石上的海象，十多条一起一次又一次地掀起巨浪冲击，直至把冰礁石击碎，海象终于无路可逃。人类的集体协作不同于动物群体的协作，最主要的区别是社会性协作和奉献。

英国《自然》曾刊登了一项美国圣地亚哥自然历史博物馆的考古发现：大约在13万年前，加利福尼亚地区就已经存在人类了，并且还发现了一具猛犸象化石有被利石切割的痕迹，可见那个时候，人类就已经开始集体狩猎了。

约30万年以前，人类已经广泛使用流星索等石制武器，还有骨锥、骨针、骨铲、骨鱼镖等工具。

在中国，距今200多万年前的长江三峡巫山人当时已经会使用火来炙烤食物，同时还发现目前为止世界上唯一一件用剑齿象下颌骨打造的工具——骨制手斧。在当地玉米洞更是发现了旧石器工业的许多痕迹，这已经清楚地表明，当时的人类已经开始利用已有的条件有质量地制造和加工工具，从出土的相关动物化石也可以推断出当时已经开始了集体狩猎。

9 000年前，湖南道县玉蟾岩出现了人类最早的农耕文明，遗址显示当时出现了水稻栽培。近年有学者通过研究也认为，那时的河南贾湖人（距今大约八九千年），种的是水稻，吃的是大米。这就显示了中国农业最早的质的飞跃。

8 000 年前，中国已可以精细雕琢玉器，还出现了纺织技术。

7 000 年前，难度更大、质量要求更高的独木舟和木桨也已经出现了。驯养动物的水平也有了普遍提高，例如牛可以用于农田的生产。

6 000 年前，彩陶文化出现了，在建筑领域也开始出现小城堡了。

5 000 年前，蚕丝制作技术和冶铜技术逐渐成熟。

生产发展了，食物增多了，农作物也有盈余了，物品交易开始出现，自然而然地集市便形成了。对于交易的物品而言，品质优良的更受欢迎，这样就逐步形成一种人类意识和思想，质量就是更好生存的保证，与此同时，质量保证开始萌芽。

4 000 多年前（一些资料认为是 3 500 多年前），苏美尔文明已经包含了最原始的质量保证的相关形式。苏美尔人发明了楔形文字，出土的文物上面的楔形文字涉及贸易、法律、债务凭证、账目清单、信函、收据等，甚至是订婚的证明。文字的记录实际上就是一种对已发生的事情的质量形式担保，包括数量和发生事件、人物等。

“如果一个人把一块耕地让给另一个人耕种，但他没有耕种，把它变成了荒地，他就要量出每一亩地三库尔大麦。”在这里，三库尔大麦就变成了耕种质量保证。

## 第三节　精神的信仰和艺术的追求

由于对精神信仰的崇拜及对美的追求，人类高级质量管理意识开始出现，质量管理哲学真正开始有了生命力。

精神需要的前提条件是大脑已经高度发达。旧石器时代的晚期智人与人类已经非常相似，又称新人，其不但会用兽皮制作衣服，用兽牙、贝壳等做装饰，而且还会绘制壁画，甚至还会雕刻雕像。

在法国西南部韦泽尔峡谷洞穴群发现了 25 个壁画岩洞，在拉斯科洞穴发现了 2 万年前的人物雕刻，以及 100 多个动物形象，甚至还有彩绘。此外，其他洞穴也有非常精美的壁画作品，如一头受伤的公牛将一个猎人顶翻倒地，有两把长矛刺中一匹马，几只鹿列队行走等，既反映了当时的真实生活，又体现出制作者的艺术创造力和审美追求。从另一个角度来看，它好像是前人有意识要告诉后人，这种野兽对人的伤害，而对马的猎杀则说明需要两个人使用长矛。某种意义上来说，这些壁画就是一种最古老的狩猎质量说明书。

原始人类创造了绘画、雕像、音乐、舞蹈，出现了图腾文化和崇拜。图腾有一些共同特征，如每一个氏族都有属于自己的图腾，图腾被认为与自己的祖先或血缘相关，隐藏着某种神秘的力量或精神。

图腾信仰是人类一定时期、一定生产条件下的产物。商朝的图腾是玄鸟，《史记》中有“天命玄鸟，降而生商”。凤是玄鸟，是殷民族的图腾，龙则是夏民族的图腾，所以有中华民族是龙的传人的广泛说法。如果这个龙是恐龙，倒可能符合目前人类对自然进化的认识。

从奴隶社会到封建社会，再到现代社会，纵观历史，人类无非做了三件大事——生存、战争、合作。其实这样的划分主要是从经济角度和人类的生存生活与社会进步角度考虑，但不可忽视的还有人类思维意识及集体智慧的作用，特别是信仰的力量，这也是人类区别于动物的一个主要标志，同时也是人类能否拥有美好明天的标志。而信仰能否真正形成力量，能否真正形成集体合力，质量管理意识就是关键。人类早期处于蒙昧阶段，信仰易于被某个阶层所改变，但随着社会发展、科技进步，普通人掌握的知识越来越多，没有质量的哲学无法让人发自内心产生信仰。

# 第二章　古代质量管理思想

让正义之光照耀整个大地，消灭一切罪人与恶人……

——《汉谟拉比法典》

现代考古发掘成果表明美索不达米亚文明的苏美尔人最早创立了文字概念和社会制度，形成了人类社会的最早的基本思想、原则、法律、习俗等，所以西方国家史学界认为苏美尔文明的孕育和发展为整个世界文明刻上深深的烙印。没有苏美尔文明的诞生，其他文明就不会诞生，即使诞生也不会产生今天人类这样的文明。

但真实情况就是，远古人的交流联系非常少，各种族间的隔绝程度很高，人类的文明即便是考古认为的有先后之分，但要说先影响后，甚至前决定后，未免会认为地球文明的诞生和发展同样来自另一星球文明或者决定另一星球文明演化。

反而是中国的“百川东到海，何时复西归”“三万里河东入海”这些诗句表达的哲理更符合历史进程。

人类早期由于距离因素，两个文明之间并不存在接触影响问题，之所以有共同性，原因更多在于地球自然生态大环境的类同以及人自身进化的类同。而文明的互相交流影响，则直接促进了文明的冲突或者是发展。

纵观人类质量管理历史，实际上也如此，冥冥之中，自然有一条质量的主线贯穿始终。早期某些质量活动的孕育和发展，与其认为它们决定了其他地方不同时代的质量管理发展，倒不如说是形成了某些特有的质量思维模式，决定了自身发展需求，形成了一条条颜色各异、波形各异的质量主线。

这个就是质量管理哲学。

# 第一节 早期文明古国的质量管理思想

五大文明，按照现在学术界公认的看法（虽然很可能和历史事实不符），最早的是公元前4000年的美索不达米亚文明（即两河流域文明，包括后期约一千多年后同样在该地域出现的古巴比伦文明），然后是一千多年后出现的古埃及文明及稍后的古印度文明，公元前2000年左右出现了中华文明，最晚出现的是古希腊文明（约公元前800年）。

## 一、美索不达米亚文明

美索不达米亚文明包括苏美尔、阿卡德、巴比伦、亚述、赫梯等不同时期不同阶段却在同一个大地域或相近范围产生的文明，被目前史学界公认为最早的文明，是后来各种文明之摇篮。

但奇怪的是，国外许多史学家认定非洲人是人类的共同祖先，难道非洲人进化为美索不达米亚人才能够形成文明史？没有这个地域，文明就出现不了？那么古埃及文明又是美索不达米亚文明带回去的？

所以，本书所述的历史是基于普遍性说法，主要是提供一些相关的质量思想及信息。

美索不达米亚泛指底格里斯河与幼发拉底河两河流域广大的中下游区域，这个大区域有非常充沛的水源，自然灌溉相当便利，便于早期人类农业发展。自然环境适宜使得粮食增加、居住配套完善、交通发展，这些基本生活质量问题都得到改善。因此美索不达米亚平原早在公元前4000多年，就已经有大量的人类定居、种植。

1. 苏美尔文明

其中，在现今的伊拉克和科威特，公元前4000多年，出现了美索不达米亚地区最负盛名的苏美尔文明，包括出现最早的城市群，最早的系统化文字，最早的车轮、塔庙、金属制品、堤坝、水库、水渠、运河等。苏美尔人最具质量的一项工作就是驾驭洪水。在美索不达米亚南部开沟挖渠，形成复杂的农业生产灌溉网络，两河文明史就此诞生……

苏美尔人创造了许多质量领域的世界第一：

除了第一个有质量的农业灌溉系统外，还最早有质量地种植农作物。苏美尔人经过长期的实践，学会了利用水的流动，更好地灌溉农作物，从而提高农作物的存活和生长质量。苏美尔人掌握了众多作物的种植技术，能成功种植大麦、小麦、黍子、洋葱、大蒜、韭菜、苦菜花、鹰嘴豆、小扁豆等。

最早有质量地驯服动物为人类服务。考古发现人类最早的耕地犁就是苏美尔人发明的，这时的人类已经学会了驯服牛、驴等动物来工作，家畜有绵羊、山羊和猪，还打鱼、捉鸟，拥有当时最先进的畜牧业。

能制作当时质量最好的衣服、纺织品。据有关资料分析认为，苏萨出土的那个时代的亚麻碎布堪比现代工艺的制品，质地优良，色彩斑斓。

拥有当时最先进的手工业。出土的祭司组雕、公牛竖琴、面具、军旗、大型石雕等，都有着当时一流的制作质量和艺术水准。如著名的乌尔王军旗，或称乌尔军旗，现收藏在英国国家博物馆，距今约 4 500 年，镶饰板制作工艺非常精美，用粉红色宝石、闪绿石、贝壳等镶拼，可谓是体现当时世界顶级质量的手工艺品。旗上正面描绘战争场景，包括军队的出征与凯旋、战士的战斗和队列、乌尔王检阅等情形；背面则是胜利后举杯、庆功的场景。

建筑也达到了一定的水平，吉古拉特——用黏土建成的大型的多层塔庙，历经几千年风吹雨打，至今还存在着，不能不说是奇迹！现今迪拜计划建设一座生态城，750 米高的“金字塔”，可以居住 100 万人口，名称就叫“吉古拉特”，意在向古代苏美尔人致敬。

拥有当时世界上顶尖的制造业，最早发明和使用青铜器、用陶瓷制造轮子，还发明了锯子、锤子、钉子、大头针、刀子、弓箭、长矛、刀、剑、匕首、叉、头盔等。尤其是造船业，非常发达，材料多种多样，工艺考究，有用动物皮和芦苇制成的皮船，有用沥青防水的帆船，还有木船。

饮食行业也相当发达，在乌尔地区有最早的砖炉及多眼灶；面包是用大麦磨成粉后发酵，再添加最早的食品调味剂蜂蜜。苏美尔人还发明了酿酒技术，工艺非常成熟，采用的是复式发酵法，质优物美。

此外，出现了世界上最早的专业化分工：医学。根据《汉谟拉比法典》的记述，外科已经从医学中单列，成为最早的精细化专业分工，医生需要掌握极高超的医术，并且也有了牙科，各种疾病名、症状、药名及用法等也有详细记录。

建立了世界上最早的城市，城镇居民能够拥有当时相当有质量的生活。

苏美尔人的农业、手工业都有了长足的发展，农业的灌溉质量很高，养活了大量的人口，造就了许多小型村社并开始形成城市。鼎盛时期一些城市已经有五万人。

苏美尔人没有留下什么伟大建筑，因为他们的建筑材料是泥土，可靠性难以得到保障。例如他们用泥砖修筑的城墙，很容易就被敌人攻破。

但是，苏美尔人在社会治理方面却开创了人类历史的先河，比著名的《汉谟拉比法典》还早的《乌尔纳姆法典》，是迄今所知的由苏美尔人开创的世界上最早的成文法典，亦称《乌尔纳木法典》《苏美尔法典》，成为人类社会治理的典范。从确定基本行为规范来说，ISO 质量管理体系确立的生产经营管理活动、质量管理标准和法典如出一辙，可以说这部法典就是开山鼻祖。

2. 古巴比伦及新巴比伦

古巴比伦的质量文化思想可以用一个字来高度概括：虚。

主要表现在，一是许多工作华而不实，如城墙一直以来只是用泥土来垒筑，不同于古埃及用巨石建造金字塔，也不同于古印度那样用砖来建造房屋，更和后来的古罗马用坚固石头打造的罗马城完全无法相比。二是如举世闻名的“空中花园”，其实什么也没有留下来，有些资料也反映所谓的“空中花园”实际就是在高坡上建起来的一个花园而已。古巴比伦是世界上最早办学校的文明，但除了早期苏美尔人留下的一些创造和革新外，几乎没有什么大的变革和技术进步（至少在现有的历史资料和遗迹方面没有发现相关信息）。

但巴比伦质量文明史并非一无是处，表现在公元前625 年建立的新巴比伦，又称为迦勒底王朝，尤其是前561 年的新巴比伦国王尼布甲尼撒二世时期的城市建造，其设计和建造质量均达到当时世界一流水准。

巴比伦城和后来的古罗马城一样，基本上就是一座坚固的军事堡垒，拥有辉煌的历史。希腊的诗人荷马称巴比伦城为百门之都，是因为巴比伦的城门都是铜制作的，并且数量很多，有一百多扇！古城大门高4米多、宽2米左右，称为典礼门，门的上部呈拱形结构，两边的墙是由黄色、棕色琉璃砖制成的，上面的雄狮、公牛等动物图案至今还清晰可见。这种铜门质量十分坚固，即便后来整座城被波斯人所攻克，但是门至今还是基本保存完好。在尼普尔附近，还修建了一个多支河流汇集的巨大水池，用于水源储备。整个巴比伦城的建设成就惊人，包括著名的巴比伦塔楼、马尔杜克神庙、伊什塔尔女神庙等，是当时规划和设计的典范，希腊历史学家希罗多德说这是当时世界上最壮丽的城市也毫不为过。

尼布甲尼撒二世时期还出现了人类最早的产品分类管理及计件工资制度。由于国王非常重视产量的提升，为此，管理者想出许多在当时条件下可行的管理控制方法。比如用颜色来控制棉纱的生产与储存使用，不同颜色标记代表不同生产时期。棉纱是纺织的主要原料，对其进行质量控制，保证了纺织布艺、衣服等的质量。同样，谷物存放在陶罐里，封口上也附有不同颜色的芦秆，代表不同年份的谷物，可能是人类最早的食品质量监督方法。这个时期，据说还出现了最早计件工资制，只不过这个工资是根据每人每天的生产量，以食物的方式支付给纺织工人。

传说中著名的“空中花园”是新巴比伦的尼布甲尼撒二世所建，但据现代考古发现是灭亡了古巴比伦的亚述王西拿基立所建。在亚述帝国另一个城市卡拉，1845 年，英国人拉雅得挖掘出多座王宫，其中有著名的双翼人头牛身巨大雕像以及许多精美的石版雕刻。

古巴比伦延承了早期苏美尔人的农业综合治理方法和技术，在教育方面也是最早创办学校，开人类先河。在社会治理方面最早制定了严酷的法律，既要正义，“使强者不能压迫弱者”，又要剥削压迫奴隶，“奴隶不属于人的范畴”。最终人口剧增，城市的发展导致对耕地和木材的需求也剧增，森林变为农田，致使水土流失，沙漠扩张，最终导致粮食不足，国内内乱。

所以说，古巴比伦的自然、社会综合治理质量存在致命缺陷，正所谓成也治理，败也治理。最终古巴比伦在历史滚滚洪流中沉沦，却留下了闪耀人类古今历史的伟大思想：让正义之光照耀整个大地，消灭一切罪人和恶人，使强者不能压迫弱者（出自《汉谟拉比法典》）。这条法律条文深刻反映了当时的思维文化意识，同时也折射出质量管理的一个基本思想：

消除缺陷（罪人和恶人），让客户得到保障。

3. 古埃及

尼罗河边上的古埃及早在6 000多年前就形成了上埃及、下埃及两个独立国家。在其后的几千年岁月里，古埃及一直是地球上最发达的地区，拥有众多质量文化，后来影响了古罗马以及西方的古文明。

古埃及最杰出的质量方面贡献就是其无与伦比的精确性和超强的宏观把控能力。如水面定位法，精准地测量地平面；用器械观测记录恒星出没在地平线上的位置，精准测出子午线等。

古埃及的金字塔代表了当时最高的建筑质量和艺术。这里不再阐述，金字塔的建筑质量的确是举世公认的，经过了那么多年至今还屹立不倒，甚至许多石缝连很薄的刀片都插不进去。胡夫金字塔东南角的高度与西北角的高度误差居然只有1.27厘米，几乎完全一样。建筑质量之高超，不能不说是建筑史上的奇迹！

金字塔工程可谓代表了当时人类最为先进的系统管理质量，不管是在征集或组织人、物，设计施工作业流程，还是在庞大的后勤保障、督工监管等方面。工程逼使公元前1750年就出现了“国王所有工程的监督者”这样一个庞大的官僚机构。据说有这样的记载，公元前2000年左右，一位名叫塔霍特普的埃及人教导自己儿子：“如果你是一个指挥大批人工作的领导者，你要努力把自己的工作做到尽可能地好，直到没有什么错误……如果有人对你提出申请，你要冷静地听清申请人讲的话……你应该一视同仁，应该对你认识的人和不认识的人，接近的人或不接近的人一视同仁。”

（1）航海技术。古埃及不仅有世界顶尖的巨型建筑，还有质量领先的航海设施、船只、航海技术。据资料显示，托勒密四世的超级巨舰长达128米，宽至18米，6层楼高，40列桨座，有的桨长18米，仅次于传说中的郑和宝船。

当时亚历山大法洛斯灯塔是世界上最高的建筑物之一，高400英尺左右，主要材料为质量上乘的花岗石和铜，塔基高14米，屹立在大岩礁上。灯塔为整个海湾提供了1 500多年的黑夜曙光，“灯塔是建筑在三层台阶之上，在它的顶端，白天用一面镜子反射日光，晚上用火光引导船只”。亚历山大法洛斯灯塔是古代七大奇迹之一，有着非常考究的外形，三层设计，基层方形，中间八角形，配上 8 根 8 米高的石柱围成洋葱头圆塔顶，成了以后清真寺争相效仿的标准式样。

（2）榫卯系统结构。古埃及的船有着成熟的榫卯系统结构，包括榫头、榫眼、燕尾榫、暗榫、木钉加金属件，这种结构至今仍然在使用，在当时可谓是十分先进。它的使用，保证了巨舰这种庞然大物的衔接牢固，质量历久可靠。

如何保证建筑中的石块牢固不散？古埃及工匠有巧妙的办法：在相邻两块石头的接缝处凿几个小洞，如燕子尾巴形状，即燕尾榫，再把木楔或铜楔嵌进小洞里面。这种结构是人们在实践过程中的总结，充分展现了古埃及工匠高超的技艺和坚固耐用的质量意识。

4. 古印度

印度古文明更加注重生活、精美手工艺、城市建设等。

（1）古印度城市。古代印度历史悠久，距今 50 万年前，印度次大陆就有了人类生活的痕迹。1922 年发现的“哈拉巴文化”，在大约公元前 2300 年兴起，持续至公元前 1750 年，可以说是目前发现的“印度河文明”的最重要组成部分。

哈拉巴与摩亨佐・达罗等城市历史遗址，规划和建筑相当有水平，整齐的街道宽阔交错，布局合理，还有优秀的排水系统。房屋基本上用砖来建造，不像两河流域主要是用泥土。有的房屋已有大厅和房间之分，还有排水设施，既宽敞又精美。

印度最著名的建筑莫过于泰姬陵，其由洁白无瑕的大理石建造，再在上面镶嵌众多宝石，包括水晶、玉石、绿宝石、中东的玛瑙、阿拉伯的珊瑚等。泰姬陵被现代人视为印度明珠，是世界建筑史上最经典的杰作之一。

（2）莫卧儿时期的农业和手工业十分发达。新石器时代，约一万年前，印度就有许多居民专门从事农业生产、动物驯养。农具和各种生活用具制作质量相当高，甚至有人认为其技术水平已超过同期的欧洲。在莫卧儿时代，粮食、棉花、烟草、蓝靛等远销海外。

（3）古印度冶金工艺曾经达到当时世界一流水平。已经失传的著名大马士革钢制造工艺来源于古印度，之所以称为大马士革钢，传说是在叙利亚大马士革售卖。古印度工匠们采用当地的一种特殊的材料（考古学家认为就是开采过度导致这种特殊材料失传），并把乌兹钢、熟铁及此种特殊材料用坩埚冶炼，密封加热至渣滓形成一团超高碳钢（含碳量 1.5% ~2%，称为印度 Wootz 钢）或渗碳的高碳钢和低碳钢，并反复叠打，再经淬火后获得质地坚硬的刀刃，最终用植物酸腐蚀出各种花纹。这种反复锻造出来的钢（一般认为至少经过几百次上千次的反复锻造），内部会形成一个个软硬平衡互为支撑的结构，所以整把刀剑既锋利又强硬坚韧。古印度人开创了一种全新的质量标准控制模式——“复合材质 + 折叠锻打”模式，这也体现了千锤百炼的思想。与现在人们开创的 3D 打印材料、工具、建筑实质原理一致，只不过工序恰好相反，一个是减法，一个是加法；一个是长时间保障，另一个是超速度生产。

哈拉巴文化遗址中出土了大量铜器、陶瓷、染缸等，表明古印度人已经掌握了金属加工、制陶及纺织技术。从出土的各种各样工艺品中，可见其品质优良、工艺精湛。

（4）德里铁柱。最能代表印度冶金工艺质量的莫过于德里铁柱（又名阿育王铁柱）。这根 7 米高，0.5 米宽的铁柱，重 6 吨，耸立在新德里南郊库杜布高塔墙内，看来一点都不起眼，但居然是 1 500 多年前铸造的。更令人惊奇的是虽经千年的日晒雨淋，这根铁柱居然一点锈迹都没有。可见，当时的印度工匠技艺是多么高超。

但是，古印度人的基本质量哲学不仅仅限于此，他们更多地追求信仰的表达和崇拜。古印度人创作的大量高水平、高质量的精美雕塑和绘画，在世界上有着独一无二的地位，对亚洲各国影响深远。

5. 古希腊

伟大的古希腊虽然文明“中断”，但是，它留下许多伟大的思想至今依然照耀着全世界，特别是追求人类的自由、解放，追求美的艺术，追求创造和发展，追求和平、开放的思想。可以说，没有古希腊，就没有现代文明，当然更谈不上质量文化和真正的质量哲学。

古希腊的质量哲学也可以只用一个字来高度概括，就是“美”，用四个字，就是“尽善尽美”。崇尚美的思想，继而崇尚自由，崇尚自由的思想，继而创造。这些都是相辅相成的。

古希腊也许是人类社会最早真正出现平等、民主、自由思想的，因为他们意识到，人剥削人是丑陋和可耻的，与美的追求背道而驰。

古希腊文明发源于米诺斯文明和迈锡尼文明。古代王宫遗址，即今天的克诺索斯王宫博物馆，在20世纪初被发现，出土的文物表明该地区在公元前2000多年就出现了高度发达的青铜文化。王宫建筑、壁画、陶器等非常精美，尤为重要的是，其与同时期其他文明有着一个显著区别——现实主义。它不像古埃及文明那样，注重非常夸张的巨大建筑和对神的膜拜，而是更喜欢精巧的双面斧（金属和黏土制）以及小船、动物、人形等精美的模型。

考古发现，有泥板记录造剑及制作香油的过程，并出现金银匠、象牙匠、宝石匠、制陶匠等职业。而古希腊雕塑更是源远流长，用真人人体做模特，陶器画面展现日常捕鱼、航海、采摘、梳妆等方方面面，以歌颂普通劳动者。这种以人为本，赞美小人物的思想，为后来欧洲率先进入现代文明打下了坚实基础。

古希腊质量史上最著名的代表非雅典莫属。而其中的代表作莫过于军事工程设计和建造质量一流的雅典卫城，以及帕特农神庙、伊瑞克提翁神庙、埃雷赫修神庙等。

古希腊人最早采用民主的方式进行协商式管理，“一长两会制”为其代表，即军事首领为“一长”，长老会及民众会为“两会”，可谓是美国参众两院最早的实践形式。这样的管理方式，可谓是当时世界上最先进的社会质量管理思想和体制。

传说古希腊人还普遍使用音乐来管理生产，不同的工种不同的作业配上不同的笛音和管乐声，节奏和作业的速度一致，其目的是逼着劳动者工作还是减轻劳动者疲劳就难以考证了，但有一点是可以肯定的，就是大幅增加了产量。古希腊人重视按照劳动专业和分工提高产量与质量，柏拉图的《理想国》有明确的记载：“在小城市中，同一个工人既要做床，又要做门窗、做犁耙、做桌椅，常常还要造房屋……一个要做这么多东西的工人是不可能都取得成功的。可是，在大城市中……一个人可以只从事一种行业，有时只是从事一种行业的一个分支。一个工人做男人的鞋，另一个工人做女人的鞋；一个工人只是缝鞋，另一个工人只是切皮……一个人只从事于这样一种有限范围的工作，必然能在工作上取得出色的成就。”注意，这里的“出色的成就”，包含了质量的最高境界。这种方法方式，可谓是现代先进科学质量管理开端泰勒制的“祖师”。

6. 古罗马

古罗马人认为实用至上，注重细节和创造力，注重系统管理。除了拥有一流的造城技术外，还拥有一流的造船、造武器技术以及非常强大的军事武器生产能力和质控管理能力。

曾经，古罗马发生过一次有记载的安全事件：石弹被操作失误的士兵发射出去，结果把自己人砸得四分五裂、血流遍地。

古罗马生产大量的重型弩炮，并且进行严格管理，所以即便是面对拥有异常坚固城防的雅典，罗马军队也战无不胜攻无不克。

从古埃及热衷于对神的膜拜（如金字塔、卢克索阿蒙神庙、卡纳克神庙等），以神的形象（如狮身人面等）为标准衡量人类作品的价值、质地优劣慢慢转变为古希腊、古罗马的以人为本，以普通人的追求为作品存世价值、质量目标。古罗马很好地起到了一个承前启后、继往开来的历史作用。

古罗马建筑可以毫不夸张地说开创了现代建筑的先河，满足使用者需要，追求坚固、精美的质量是其最大特色。

现代意义有专利权的硅酸盐水泥，是1824 年英国人发明的，但这一改变世界建筑品质的产品，传说在古罗马时代就已开始使用了。由于水泥的使用，使得可容纳高达8 万人的罗马竞技场、古罗马歌剧院、万神庙等建筑历经千年风霜雨雪、刀剑枪炮依然屹立不倒。大圆顶、大理石盖面、拱形凯旋门、科林斯式大门廊、浮雕，古罗马人的建筑更多地体现了人的需求及追求精美。

在冶炼工艺方面，逐步淘汰青铜制品，转向实用的、更加讲究生产质量的铁制品。铁锄、铁耙、铁锹、铁镰等农业工具的诞生促使农业技术显著提高。

除了冶金技术，古罗马还拥有当时世界上一流水平的制陶、革、木、珠宝、香料、玻璃等行业，传说中掉到地上不会碎的柔性玻璃也是古罗马人的发明，为了不冲击黄金白银的价值体系，当时的提比略皇帝下令处死工匠。另外，古罗马的榨油、酿酒均是世界顶级质量产业。

古罗马质量管理思想很实用，古罗马的政治活动家和大奴隶主马库斯·贾图（前234—前149年，主要著作是《论农业》）提出，农场主应该向监工了解一些最基本工作的进展情况，比如金钱、物品进出的账目，工人的纠纷如何处理，等等。

古罗马政治家、学者马库斯·铁伦提乌斯·瓦罗（前116—前28年）则更加明确提出要求："监工应该受过一点教育，性情好，有节约的习惯，并且最好比工人的年纪大一些，这样，工人才能尊敬他。只要能用语言来达到的目的，监工就无权用鞭子来强制执行纪律。"

7. 其他几个亚洲古国

亚洲各国有着辉煌的历史成就，但由于历经战乱和沧桑，许多相关的质量文化物质遗产都荡然无存。除中国外，以印度、缅甸为代表的亚洲古国质量文化主要体现了人类对神灵的崇拜和与自然和谐相处的追求，与西方国家不同，他们较少涉及人类自身的享受、个性自由解放。

大马士革以拜拉达河为界分为新城和旧城，旧城直街纵贯东西。公元前12世纪，城市供水和排水系统由亚兰人建造并沿用至今，不可不谓是世界奇迹。

中东传统冷兵器装饰技艺世所罕见，分为柯夫特嘉里镶嵌金丝工艺、古珐琅工艺（波斯、印度的珐琅洁白如雪，质地极为坚固，历经千年风霜完美如新，依然宝光四射，失手也不用担心碎、断）、尼叶洛工艺（制作工艺与珐琅相似，但优处是物薄而柔软，可以屈伸）、比德利法（优点在于不变色、不生锈，经久耐用）。

缅甸的大金塔，已有两千多年历史，塔高100多米，用了72吨黄金、5 448颗钻石和2 000多颗宝石镶嵌，这种建筑质量在当时无疑是世界顶尖的。

1876年，拉玛五世时期建造的泰国大皇宫以英国维多利亚时代建筑艺术为主殿基本特色，屋顶采用本国三顶式，历代不断修建完善，目前依然是泰国最宏大、最完美、最具民族特色的一流建筑。

柬埔寨的吴哥窟，有着精美的福堂、佛塔、浮雕，砌成佛塔的石块重达8吨以上，雕像有的高数米，宏伟逼真。

8. 美洲文明

美洲大陆原住民几乎被侵略者消灭殆尽。这里没有科学出现，只有对神灵的崇拜。这里也没有青铜、铁等，有现代学者认为灭亡原因是祭祀人口太多。

但是，美洲社会生活质量文明史也源远流长。奥尔梅克文明是印第安文明之母，时间为公元前 12 世纪至公元前 3 世纪。文明主要特征有刻成巨人头像的巨石建筑、出土有大量石斧石器的大型宫殿、精美绝伦的玉器、栩栩如生的美洲虎及羽蛇神图腾、众多祭祀塔台（如其中的拉文塔祭祀台高达 30 米，底座呈圆形，直径 128 米，整个范围面积居然达 5 平方公里）。

美洲古老文明揭示了人类不断追求质量的天性和对社会与未来的使命感。以前部分考古学家认为，美洲人是由非洲人 10 万年前左右迁移过来的。但最近的研究表明，美洲在 13 万年前就有人类活动了。到了后期玛雅文化出现，美洲人依然没有学会使用青铜器、铁器等强有力的开启现代科学技术的工具，但是他们对石头和泥土的使用却得心应手，建造了很多不同风格的石碑、神庙、塔台等。

公元前 1 世纪在秘鲁特鲁希略省兴盛的莫切文化中心，反映了当时美洲质量文化的鼎盛，包括太阳和月亮两座巨大泥砖金字塔。月亮金字塔墙上、台阶上到处都是有颜色的浮雕、壁画，真实地描绘了当时莫尔人的生活、祭拜等情形。此外还有配套的广场、房屋、路网等设施，建造持续了几个世纪，是当时的建设典范，人类文明史上的杰作。

## 第二节　西方古代质量管理思想

### 一、西方思想与理论的突破

西方科学发展伊始可能要上溯至公元前 469 年或 470 年诞生的一位伟大人物——苏格拉底。他率先区分物质与精神，发展逻辑辩论揭露矛盾，用辩证思维分析事情本质，创立了主体思维、理性思维、抽象思维，开辟了系统的思想等。可以说苏格拉底是现代科学思想体系萌芽的奠基人。

而另外一个不得不提的是现代科学的直接奠基者——苏格拉底传人柏拉图的学生亚里士多德。亚里士多德最大的贡献就在于创立了形式逻辑，对过去理论持批判的态度，探讨理论上的盲区，使用演绎法推理，开创三段论，几乎在各学科都有杰出的贡献，尤其是在自然科学、逻辑学和形而上学等方面。马克思高度盛赞他是古希腊哲学家中最博学的人物。

欧洲一度进入被许多人认为黑暗的中世纪，即罗马帝国衰亡后到文艺复兴前这段漫长时间。但黑暗的统治阻挡不了真理的光辉，依然孕育了许多杰出的科学家、科学思想和理论。现代质量管理的产生正是根植于自然科学真理的探索，不论是真理的结果还是追寻真理的科学方法，人类的这些努力可谓是现代科学质量管理的源泉和动力。

意大利杰出的思想家、政治活动家、哲学家尼克罗·马基雅维利（1469—1527）曾任佛罗伦萨共和国第二国务厅的长官，兼任共和国执政委员会秘书，负责外交和国防。代表作有《君主论》《论战争艺术》《论李维罗马史》及一些戏剧名著等。他教导领导者必须依靠群众，想法要得到群众的支持，组织要有内聚力，要讲究领导方法等。马基雅维利可谓是现代管理组织学的开拓者和实践者。诚如马克思所评论：“马基雅维利在书中的阐述使政治的理论观点摆脱了道德，而把权力作为法的基础，从而将政治学的基础由道德转向了权力。”

马基雅维利的管理思想虽然是建立在宏观的组织——国家之上，但是在企业的管理中，在普通组织的管理中，他所倡导的许多原则也是值得思考的。

## 二、 工业时代以前的质量管理

工业革命之前的经济形态主要是手工业，手艺人的技术和经验就是质量保证，即所谓的“操作者的质量管理”。之后，手工作坊被工厂陆续代替，出现了规章制度、技术工序化等，正是有了这样的大批量生产，现代意义的质量管理才开始产生。

威尼斯兵工厂是这方面的杰出代表，也是无可争议的批量管理的开拓者，远比美国福特生产流水线更早。

1. 法国

法国的质量意识就是追求皇家艺术的价值。从1662年开始，法国集中全国著名的建筑师、大画匠、雕刻家、工艺师、园艺师，历时50多年，经过精雕细琢，建成今天世界上最具质量的标志性建筑奇迹之一——凡尔赛宫。凡尔赛宫的整体构型体现了西方的数学几何，园道、植物、亭台楼阁、喷泉，无一不是既严谨有序又精美绝伦，内部大理石镶贴金箔，各种雕塑、油画和挂毯，加上名贵的家具摆设，令人目不暇接、叹为观止。

法国还有许多建筑都是质量工程的典范，历史的风霜雨雪丝毫没有减低它们的光彩夺目。如枫丹白露宫的静谧安详、卢浮宫的美轮美奂、香波城堡的精美别致、巴黎歌剧院的金碧辉煌、凯旋门的高傲冷峻、巴黎圣母院的雄健优美、协和广场的奇特震撼、香榭丽舍大街的田园乐土等，无一不是顶级质量的典范与人类工程的奇迹。

2. 意大利

民主和法治相平衡，管理与艺术和质量完美结合，体现了选材技巧和艺术思想。建于公元前700多年的罗马古城可谓是这方面的典范。珍贵的建筑物比比皆是，有顶级大师米开朗琪罗设计的市政厅广场，有著名的万神殿、斗兽场，贵族官邸1 000多座、磨坊200多个、桥梁8座、广场10多个、大小凯旋门36座、图书馆20多家，还有赛马场、竞技场、浴场、谷仓等，这些建筑的取材为当地材质优良的石头，并凝结了各种大师的心血，是建筑和绘画、雕塑、文化思想相结合的典范。有后人考证，在古罗马不仅日用品非常精致，而且金银珠宝也很常见，工匠大师更是享誉欧洲。"二战"的末期，意大利早早就投降了，传闻之一就说他们是为了避免罗马古城受到盟军轰炸和战火破坏，可见意大利人是多么热爱罗马古城。

众多拥有世界顶级艺术质量的雕塑、陶瓷制品、玻璃制品、皮革、金银制品等都是意大利能工巧匠贡献给世界的杰作。去过威尼斯旅游的人都知道，广场上的雕塑无与伦比，艺术质感是后世学习的榜样。

1436年建立的意大利威尼斯政府造船厂，又名威尼斯兵工厂，是当时世界上最大的工厂，首创世界上最早的成本会计制度，管理实践很有意大利特色，在生产和质量监督中实行了系统化，节约了大量的人力和物力。“一间堆满武器的庭院，其中摆满了大炮、枪弹、链弹、开花弹和手榴弹，以及更多的舰船攻防火器，足够武装 80 万名士兵，以及 62 艘战舰。”

当世界上许多工匠还在恶劣条件下艰苦劳作时，威尼斯兵工厂就已经开始了大规模的集体流水线作业，为威尼斯称霸海上提供了强大的军事武器装备支持。15 世纪初的威尼斯就拥有了加莱赛桨帆船等各种战舰 3 300 艘，这与威尼斯兵工厂的质量管理成绩密不可分。17 世纪，威尼斯海务官员在呈给总督的年报中赞叹威尼斯兵工厂是“一座奇迹工厂”。

威尼斯兵工厂的管理方式和思想，即使放到现代来看都是相当先进的。比如在多个方面均有开创性的理念与实践，包括组织机构和领导工作、部件储存、标准化（如制造的每一把弓必须可发射任何一支箭，每一个舵可适合任何一条船的尾柱）、装配线生产、会计成本控制、人员管理等。领导机构除了元老院特派员监督生产和质量外，还有一正厂长和两副厂长，内部分成多个部门，生产和技术问题由工长和技术人员负责，体现了权力制衡和专业分工原则。部件储存有助于装配线生产顺利开展，生产能力大幅提升，还有助于精确计算存货等。装配线生产更是世界首创，类似现代企业工厂的装配线生产，对效率与质量的提升起到关键作用。

1436 年西班牙人参观考察威尼斯兵工厂，惊讶装配线如此先进和人性化：“人们一走进大门就会看到一条运河。运河的两边都是从兵工厂的房子开出的窗口。当舰只由一只小船拖着经过这些窗口时，从一个窗口传出索具，另一个窗口传出面包，再另一个窗口传出武器，又一个窗口传出弩炮和臼炮。这样，从各个窗口传出所需的各种东西，当舰只到达运河的另一端时，所有的水手连同木桨都已在舰上了，整个舰只已装备完毕。这样，在三至九个小时内，安装好了十条全副武装的舰船。”

更难能可贵的是，威尼斯兵工厂对核心技术人员的尊重与信任。这些核心技术人员也叫“兵工厂之子”，负责造船核心工序；造船工、填缝工、造桨工这些人会得到工厂高层支持；反对威尼斯政府的特派员甚至会集结起来到总督处闹一闹，以求增加工资等，这么人性化的自由，放在今天都不容易。

除此之外，威尼斯兵工厂在存货控制、成本控制等方面也有严格的规定。而且兵工厂中有着严密的人事管理制度，严格规定上下班和休息时间。

“人工流水线”的工序要求紧张高效的节奏，如何让造船工和其他人员适应这种节奏，威尼斯兵工厂高层想出一个绝招，让葡萄酒在兵工厂的生产管理中发挥润滑剂、调味料的作用。威尼斯兵工厂每年消耗50万~60万公升葡萄酒，是仅次于木材的第二大开支，即便花费占威尼斯共和国财政预算的10%左右也不在乎。

持续了160年的“酒泉”，让弥漫着酒香的威尼斯兵工厂不仅保证了工人身心健康，而且保证了产品的质量，雅之极致即为品之极致。这个做法可谓是现在法拉利世界顶级工厂人性化管理方式的鼻祖。在《世界经济简史》里，卡梅伦高度评价威尼斯兵工厂，是“全世界最早出现的大规模工业企业”。

3. 西班牙

曾经一度的世界海上霸主称号名副其实，西班牙人很早就开始建设海上设施。古罗马时期建造的埃库莱斯灯塔在拉科鲁尼亚省边上的半岛已耸立近两千年了，至今仍在使用。这种建筑质量，多么强悍！正如西班牙民族斗牛士的性格，倔强与坚守，自由与奔放，虽然不追求某一单项的极致，但也永不退缩。

大约35 000年前，伊比利亚半岛已经有了现代人类的踪迹，后来的腓尼基人、希腊人、凯尔特人和迦太基人都曾在这个地区生存发展，公元前200年左右又被罗马统治。西班牙人民在反抗外来侵略的过程中一步步强大起来，之后葡萄牙成功发展成为海上强国，更是刺激了西班牙航海业的发展，哥伦布在葡萄牙得不到支持反而帮助西班牙一跃成为海上霸主。西班牙人民富有创新精神，不仅表现在航海方面。15世纪，为了垄断畜牧业，保证羊毛出口是王国最主要的税收来源和经济支柱，西班牙皇室推出了一系列优惠政策，并且行业内组织了一个由贵族控制的养羊大师团体。在1784年，西班牙率先应用纺织机械，制造业一直延续至今，依然非常发达。显然，这是一种国家级的无形传承，也是强大的必备条件。

4. 瑞典

冰河时期后期，斯堪的纳维亚半岛已有古人类踪迹，石器时代人们的食物主要来自狩猎和采摘。后来铁器随着波罗的海—地中海商路传入，岛上的兽皮及琥珀则流入欧洲大陆罗马、希腊等地。

16 世纪，利用丰富渔业资源提高了实力的瑞典，经过数次战争，特别是在天才军事家古斯塔夫国王的亲自率领下，打败了欧洲联盟军，占领了神圣罗马帝国一半以上的领土，发展为欧洲最强国之一。但是，由于不懂发展生产力，完全没有制造，更谈不上创造与质量服务，强大的帝国很快在大北方战争中被俄罗斯击败，从此以后再也不复之前的强盛。不过，这种无质量的教训深刻影响了近现代瑞典人，改变立国方式让聪明能干的瑞典人成为目前世界收入最高、最幸福的国家公民之一。

质量，是国家真正强盛、国民真正幸福的保障。

5. 荷兰

被称为“海上马车夫”的荷兰，位置非常独特，外部直面北海、波罗的海和地中海，最后是大西洋；内境则河流纵横交错。古代荷兰屡遭邻国欺负，逼使荷兰人只有一条路可以走，创新质量立国。有水就有路，荷兰人从造船开始，大力发展海上贸易，勇于进军各大洋。

大规模海洋贸易的迅猛发展，让荷兰人嗅到了强盛的味道，他们创造性地把船只设计成一种底平、舱容量大的船，别小看这一点变化。与早期船只相比，这种船不仅需要新的造船工艺，而且还需要高品质的材料以及高质高效的管理方式。这种船造出来后，既便于操控又更加快速，大大降低运输成本，提高运输效率，代表了世界海运事业的巨大创新和进步。正是依靠这种领先世界的一流质量的造船技术和速度，荷兰很快代替了海上霸主西班牙和葡萄牙（对造船质量重视不够），一跃而起成为新的海上巨无霸。当时全世界有2 万多艘船，荷兰就占了 1.55 万艘，其中有 1 万艘如同海上鲨鱼一样，在全球各大洋各海域常年游弋巡航，甚至当年还侵占了远在地球另一边的我国台湾省。

荷兰至今仍是世界顶尖强国，当然不仅靠造船，而且靠创新、高科技、高质量。

6. 英国

为什么工业革命会从大不列颠开始？

为什么英国人总是率先引领世界各种变革和创新？

为什么英国人对质量是如此重视，以至于现代质量管理发源地在英伦三岛？

现代意义的质量管理就从英伦三岛的造船业、棉纺织业、机器制造业、交通运输业开始，但古代英伦有什么质量管理故事和思维呢？

事实上，英国人并非一开始就意识到质量强军、质量强国的重要性，他们也经历了惨痛的备受欺负的时期。

（1）英国各方面质量的崛起。英国人很早就明白贸易的重要性，因为国土面积小资源少，同时对外扩张也催逼小作坊转向工厂，手工业转向机械制造业。

古代大不列颠人是布立吞人，主要从事农牧业。但他们熟练掌握了提炼锡、铅的方法，并能从矿石中炼金、银、铁等，琥珀、玻璃工艺尤为精湛，制造出的小饰品精美漂亮。珠宝玉石、皮毛制品、各种饰品、玩具、粮食、牲畜等品质较好的商品出口到高卢或者通过高卢中转到其他国家和地区。英国的羊毛尤其出名，是当时大城市里的布立吞人舒适的袍子的主要原料。羊毛纺织业发展了几个世纪让英国成为世界上最重要的商业帝国之一。

英伦三岛一直被视为资源极度缺乏的地方，但大不列颠从来就不缺重要的产品、资源。这是什么原因呢？即便是“二战”时德国攻不破英国皇家空军的空中防线，希特勒自作聪明地认为只要封锁英伦三岛就可以迫使英国人投降。

高度重视各行业各领域的主要产品品质和数量，是生存和发展的关键，英国人很早就明白了这一点。

（2）英国建筑。英国建筑体现了皇家气派和平民自由的完美结合，既厚实又体现人文自然，虽然历经两次世界大战，还是有许多宏伟珍贵的古式建筑被完整保留下来，可见品质之优异。如布莱尼姆宫、查茨沃斯庄园、朗利特庄园，这些都是在都铎王朝、汉诺威王朝、温莎王朝时期建造的建筑。

从 14 世纪开始，以英国为代表的西方园林设计开始逐步拓展到公共场所，让园林成为供普通市民休憩、交流、游玩的好去处。在中国，这种公共园林直到近十几年才真正免费对普通百姓开放。

英国人一方面享受皇家贵族的尊严和荣誉，另一方面民众自发争取到许多高品质生活权利。法国的皇家园林到了英国人手里，已经变成了改善城市布局、优化环境的工具，成为民众休闲娱乐的好去处。

7. 竞争与对比

18 世纪中叶以后，英国人在工业革命中的引领作用明显，接二连三的伟大发明不仅推动了工业产品生产效率，而且各种机器装置比人工更能保证品质与工艺，并且大批量优质生产降低了成本，社会购买力和消费能力普遍提高。

机器的使用和基础设施的建设也促进了钢铁业的发展，优质钢的生产成为时代的主旋律和竞争优势。1856 年，德国人西门子发明了一种具有熔池的高效炼钢炉，通过里面的燃料和热空气通道可以快速加热并控制钢水温度，既提高了钢铁的产量又保证了钢材的质量。1856 年，英国人贝斯麦创造了转炉炼钢法，在一个可以翻转的熔池内，把空气吹入生铁（酸性不适用）中，用这种方式来炼钢，保证了钢的品质与产量。1864 年，法国人马丁不甘示弱，在西门子方法的基础上又改进了炼钢装置，这装置被世人称为西门子—马丁炉。1878 年，英国人托马斯改良了贝斯麦转炉炼钢法，把炉砖改造成碱性砖，极大提高钢的产量，品质更有保障。1879 年，英国用平炉钢（即西门子—马丁炉）生产钢结构桥梁。1889 年，法国用 7 000 多吨平炉钢建成了著名的埃菲尔铁塔，这是一个质量建设标志性的成就。

## 第三节　中国古代质量管理思想

威与信并行，德与法相济。——苏东坡

依乎天理，批大郤，导大窾，因其固然，技经肯綮之未尝，而况大軱乎？——庄周

中国古代建筑具有西方古代建筑无法比拟、至今备受推崇的特点：科学规划、宏观控制、精雕细琢、坚固可靠、永久不倒。在产品标准中，意识更为高远深邃，即使是现代人也难望其项背。有这么一个故事是这么记载的：

在中国古代，如何判断一把好剑？首要标准就是“黄白杂则坚且韧，良剑也”。春秋战国时期，越王勾践把宝剑“毫曹”拿给大家评判，名相剑师薛烛看了后，摇了摇头，说：“剑虽好，却不见赤青黄白黑五气呈于其面之上，因非上品也。”

炼剑要炼成剑气，而且是五道剑气，试问当今世界哪个国家标准，哪个 ISO 标准能有类似表达？即使是强如瑞士军刀、德国刀具、日本武士刀，也无法比拟。但中国两千多年前的剑师就明明白白说出来了，剑拥有五道剑气方为上品。未知上上品、至上品该如何呢？由此可见，无论对产品质量标准的理解、描述乃至实现，中国早已走在了世界前端。

在出土的15 万多片甲骨文中记载了殷商时代的“织正”，即纺织业官职，负责生产与质量管理织造事务。

我国最早关于食物品质的记录出于《礼记》，“五谷不分，果实未熟，不粥于市”。

《周礼·考工记》清楚地记录着周王朝关于各种器具的制作标准及工艺规程，“审曲面势，以饬五材，以辨民器”，明文规定，劣品、残次品不得流通。

中国的质量成就，早在两千多年前就立于世界之巅，比如我国在公元前6 世纪春秋时期就已经掌握了炼铁技术，欧洲直到14 世纪才掌握，足足迟了两千年之久。炼钢，同样比欧洲早了两千年。普利尼在《自然史》中指出：“虽然铁的种类多而又多，但没有一种能和从中国来的钢相媲美的。”

中国铸铁技术有多高？不仅仅是产量远胜世界，而且质量也是一流的，这取决于工人的智慧与娴熟的技艺。战国时期的工匠已创造了白口铁（白口铁脆而硬，强度差，只能铸造一些农具）的柔化处理技术。西晋时期杰出的政治家、军事家刘琨在《重赠卢谌》曾慨叹：“何意百炼钢，化为绕指柔。”可见其时的铸铁柔化技术尚属罕见。

沈括在《梦溪笔谈》中提道：“世间锻铁所谓钢铁者，用柔铁屈盘之，乃以生铁陷其间，泥封炼之，锻令相入，谓之团钢，亦谓之灌钢。”

灌钢技术代表着中国古代先进的造钢方式，北齐时期信州刺史、冶炼家綦毋怀文（又称纂母怀文）总结了北方历代工匠的冶炼技术：“造宿铁刀，其法烧生铁精，以重柔铤，数宿则成钢。”唐朝史学家李百药撰写的《北齐书》也详细记载了这种方法，“其法，烧生铁精以重柔铤，数宿则成钢。以柔铁为刀脊，浴以五牲之溺，淬以五牲之脂”，相传这种宿铁刀可劈开百层以上的铠甲。

渑池地区出土的汉魏铁斧、巩县出土的汉代铁橛，已有优质球状石墨铸铁，经检验发现，这种质量水平已经相当于现代的球墨铸铁国家标准。

在钢铁生产的燃料上，宋朝已普遍使用煤了。明朝人士方以智曾记录：“……煤则各处产之，臭者烧熔而闭之成石，再凿而入炉曰礁，可五日不绝火，煎矿煮石，殊为省力。”

从原料到工艺再到燃料，中国的古代钢铁业生产质量已相当发达，据相关资料，北宋期间年产铁量已达十多万吨，而英国到了1788年，年产铁量还不足七万吨。这样就决定了中国的锄、犁、耙等农用器械的质量，同样比欧洲领先了两千多年。

17世纪，传教士们来到中国，发现按单位来计算，中国粮食产出比欧洲加洛林时期收获与留种（2∶1）高得多。罗伯特·坦普尔坦承：“利玛窦时代的欧洲农业基本上是原始性质的，远不如两千多年前（公元前4世纪）的中国水准。”

科学与技术的发展离不开科学家、科技人士的出现，刘徽、赵爽、贾宪、祖冲之、祖恒、张衡、杨辉、秦九韶、沈括、郭守敬、徐光启、宋应星、朱世杰、李善兰，每个人在自己的时代都可谓世界级专家。

但是，为什么中国后来却落后了？

撇开封建统治等社会形态不说，人民自由追求探索数学逻辑与机械工程的环境欠缺是重要原因。唯有环境对人性的禁锢、束缚解决了，数学逻辑分析树苗才能不断地茁壮成长。

为什么说中国古代缺乏数学逻辑分析能力？如果学中文或古典文学的学生反思一下自己有无受过严格的数学逻辑训练，并做一下数学分析、逻辑推理等，便可以体会到这句话的意思。即便古代中国有数学逻辑分析技术，也是极其匮乏的，不足以培养走向未来的科学人才，所以中国封建社会无法向前发展。任何一个时代要想发展，都必须产生一种新的基础方法，并且还需要相当有质量地应用开来，单靠一两个杰出之士显然无济于事。没有环境形成不了派系，中国历朝历代杰出科学家、技术工匠几乎都是单打独斗，发展质量上不去，最终导致中国科技水平滞后于西方国家。

中国传统值得称道的思想：诚信、系统观、实践出真知、精益求精。

中国古代哲学家众多，诸子百家的哲学思想，若剔除糟粕部分，剩余的便是人类发展的灿烂瑰宝！

但是，整个社会大环境存在几个对质量管理起阻碍作用的致命问题：官本位思想，学而优则仕；中庸之道，什么事情都可以左右逢源、八面玲珑；天命说，岳飞一代大将精忠报国还是逃脱不了天命难违，更别说一般人，没有突破的意识怎能产生突破的真理？

## 一、质量管理有两块基石

质量管理有两块基石，一是正气，天地间唯有正气永存、浩气长存，才拥有永恒的巨大能量，才能产生永恒的光芒，才能让千千万万人跟从。二是诚信，无信而不立，没有信用就没有质量，中国古代历来就有诚信经营之道，诚信，是为人为事最基本、最起码的原则。

正气，不是虚无地存在，对国家而言，正气首在立德立法，即便是在奴隶社会、封建社会，统治阶级在治国方略上也一样推崇道德、仁义，推行爱民如子等思想。

《孙子兵法》开篇即云，“兵者，国之大事，生死之地，存亡之道，不可不察也”，“一曰道，二曰天，三曰地，四曰将，五曰法”，然后又指出“五德”，即“将者，智、信、仁、勇、严也”。

孟子把仁义类比为人的视觉、听觉，阐述了制造器物必须用圆规、曲尺、水平仪、绳墨，这样方的、圆的、平的、直的都可以有标准衡量。五音则用六律来校正，各种音阶也对得上，应用更为广泛。

中国古代很早就认识到质量的重要性，并且把施仁政和此并列。西方的柏拉图也有类似观点，他认为治理国家的人都是德高望重的哲学家，是有完美德行和高超智慧的。公元前一千多年就流传的《荷马史诗》里面有句名言，“唯仁德才能永远屹立不倒”。

中国古代有一些英明的统治者视普通老百姓为子民，爱民如子。也只有在这种相对开明的时代，正气充沛，中国的生产力才能得到发展，质量管理才能在社会中发挥作用。《礼记·哀公问》一针见血指出："政者，正也。君为正，则百姓从政矣。君之所为，百姓之所从也。"《论语·为政》也指出："为政以德，譬如北辰，居其所，而众星共之。"

被古人视为一代奸雄的曹操，其实是位对老百姓很有仁德之心的统治者，深知民众疾苦。他在《蒿里行》里写道："白骨露于野，千里无鸡鸣。生民百遗一，念之断人肠。"可见曹操内心是多么希望能够平定天下，执政为民，造福苍生。

有了正气，才会有"众星共之"，才会有质量管理，才能产生巨大的力量。中国任何一位英明统治者都无法忽视这道人间正气。

西汉末期，许多平民被逼成奴隶，整个社会各阶层的矛盾尖锐不可调和，农民起义层出不穷。刘秀平定天下后，即颁发圣旨释放奴婢、刑徒，"见徒免为庶民"。自建武二年至四年，刘秀前后九次下诏释放奴婢，或提高奴婢的法律地位。

唐太宗在中国封建时代居然能认识到"国以人为本，人以衣食为本，凡营衣食，以不失时为本"，"民，水也；君，舟也。水能载舟，亦能覆舟"。如此高明地看待人间正气和人民的力量，难怪唐朝那个时候能够迅速从战乱中恢复生产力，领先世界。

除此之外，文景之治、康乾盛世都是历史上著名的培育人间正气，百姓安居乐业，促进社会有质量治理，促进生产力发展的时期。康熙统治时的清王朝，据估算，国内生产总值居然达到了全世界的三分之一，各行各业欣欣向荣，远远超过西方。

## 二、诚信

正气首在正己，正人先正己，身先士卒。此实则谓之诚信也。

《孙子兵法》开篇就提出："将者，智、信、仁、勇、严也。"

历史记载的最出名的诚信事件莫过于汉光武帝刘秀相关事迹，他当时被王邑、王寻百万大军包围，却能勇冠三军，率领13名骑兵突出重围，还赴定陵县、郾县搬来了救兵，即便只搬来救兵万余人，仍披挂上阵亲自指挥，最终赢得了历史上有名的昆阳之战。这种信誉，号令天下，无人不服。

中国古人非常讲信用，无信而不立。在《西游记》水帘洞一章里吴承恩就明确地表达了“人而无信，不知其可”，古人认为立足于世间首先要有信用。

信用是质量之本，没有信用就没有质量。目前中国假货、次货很多，跟在强大的经济压力面前，人的信用崩塌有着密切的关系。

春秋战国时期秦国的商鞅变法，立木取信，一诺千金。周幽王为博取宠妃褒姒一笑，乱点烽火失信于诸侯，结果落得亡国灭族的下场。

成语一诺千金可以说是中国品牌最早的写照。当时秦代有个人叫季布，他说过的话一定会做到，信誉度闻名天下，在当时那个通信工具、宣传工具几乎为零的时代，人人都在传颂“得黄金百斤，不如得季布一诺”。季布为项羽效力时多次追杀刘邦，后来汉高祖刘邦惮于季布的诚信家喻户晓，不但赦免他无罪，还拜他为中郎将。因而，“季布一诺”流传了几千年。

唐朝“三日听悔”也是说明交易双方必须诚信，产品三天内出现问题可以退货，没有诚信的人将会受刑罚。

现在中国很少有品牌能够做到二十年以上了，许多当时很出名的品牌都消失了，但中国有两个百年以上的品牌，一是全聚德，它的质量文化就是“全面无缺，聚而不散，仁德至上”。另一个是同仁堂，更是把诚信放在操作层里面，“炮制虽繁必不敢省人力，品味虽贵必不敢减物力”，言简意赅。

中国传统就重视矛盾统一思想，重视和谐、浑圆一体。中国古代就有“万物莫不有对”的观点，17 世纪的德国也提出了“万物莫不相异”。中国人的质量管理观传承这一思想，好比德国的国旗，红黑一起彰显。

中国传统的管理理念是什么样的呢？

中国五千年文明史，杰出人物千千万万，创造了许多世界第一的奇迹，所以，中国传统的管理理念，更多的是蕴藏在伟大的实践和伟大的创造中。

中国古代重农轻商，却在诸多领域中长期独领风骚，这更多体现了中国历代明君治国的理论和实践，以及中国杰出统帅的治军实践及言论。如果还有第三个方面，也许还应该考虑到中国历代大工程所体现出来的用人管理的智慧，最后才考虑统治阶级利用过的一些诸子百家的言论，但要去其糟粕。

### 三、 系统科学性

中国古代，非常讲究系统科学性。“运筹帷幄之中，决胜千里之外”，张良可谓是最著名的人物，主要体现在宏观把控、制度制衡、运筹帷幄等方面。系统性表现在社会治理质量上的成果就是法制性，以及法治社会的实践和建立。

中国古代虽然长期是奴隶社会、封建社会，但也讲究制度制衡、法治管控，中国几个盛世，如文景之治、贞观之治、洪武之治、康乾盛世，都基于系统性控制、法治体系制度管控。唐太宗实行“三省六部制”，唐太宗的诏书也需经过门下省审查后才能由中书省发布，并由尚书省执行。这可比目前欧美发达国家的“三权分立”早了一千多年。

系统科学性还体现为中医几千年来形成的一整套望、闻、问、切的严密体系。这种严密体系在建筑质量方面也极为显著。

北京故宫博物院，旧称为紫禁城，是世界上保存最完整、最早的大型木结构建筑。和其他主要建筑材料是黏土或石块的几大文明建筑不同，木结构建筑更需要讲究结构力学理念。整个建筑既有立柱，又有横梁。每一间房屋，主柱四根，整个建筑体是由木构架承重，即使墙倒了，房屋也不会倒塌。中国古代建筑不仅是在个体建筑结构上，并且在整体布局、环境融合方面发展出尤为精湛的艺术成就，蕴藏着非常丰富的系统科学性思想。“匠人营国，方九里，旁三门，国中九经九纬，经涂九轨，左祖右社，前朝后市”，当时秦建雍城时就以此为建筑范式。

故宫九千多间房屋全沿着一条中轴线展开排列，南金水河，北万岁山，前后保障，左右对称，可分为外朝和内廷两大部分。国之大典举行地外朝是以太和殿、中和殿、保和殿三大殿为中心。内廷是皇上、宫妃的居住场所，以乾清宫、交泰殿、坤宁宫为中心，各功能分区完善，防御森严，系统架构体现了中国古建筑世界顶级设计和建造质量。故宫建造于明朝永乐年间，六百多年来经历了上百次的地震及多次战火洗劫而几无一发损失，抗震抗冲击性能之坚固，不可不谓世界建筑史上的奇迹。

万里长城也是中国最能体现系统科学性的建筑典范。作为世界上最伟大的古建筑之一，万里长城更多地体现了中国人民的智慧。外檐墙、内檐墙、烽火台、关城构成了非常齐备的攻防结合的体系。建筑材料更有古人千年的实践独创，夯土、块石片石、砖混合石，在沙漠等恶劣环境下不易取材则用红柳枝条或者芦苇，与砂石一层一层叠次铺筑。著名关城有山海关（附近亦有十多处小关城）、居庸关（还有南北口及上关）、嘉峪关、平型关、雁门关、玉门关等。经受了风沙雨雪，炮轰弹打，长城依然坚韧可靠，真是“一夫当关，万夫莫开”。

中国是一个农业大国，农业是立国之基，中国之所以能够绵延几千年，农业的发展至关重要。而水利在农业中的地位则是第一道关口，大禹治理长江、黄河，奠定了中华民族繁荣兴旺的基础，可以说是中国质量史上非常重要的开篇。

大禹，可能是中国古代记载中第一个做事最动脑的人，即 BQ（Business Quotient，做事情的智慧和能力）最高之一。大禹之前的治水皆以失败告终，大禹经过调查，开动脑筋后，把中国分为冀、青、徐、兖、扬、梁等九个州，先治理土地，然后治理山川（岐、荆、常、太岳、太行、王挝、雷首、太华、大别等），最后疏通水道，山路通，水脉畅，沿长江以北的大多数河流基本治理完毕。大禹治水留下许多神话故事，是智慧和勇气、勤劳和奋斗的化身，由此为中华民族源远流长的农业水利奠定良好基础。

## 四、 谋略与逻辑分析性

中国古人做事情最讲谋略，“上兵伐谋”“谋定而后动，知止而有得”“先谋后事者昌，先事后谋者亡”，现代质量管理活动成功的关键，首先也就是在于此。

质量管理可借鉴之处也充分有所体现，一是强调谋，将领首先要有“智”；二是强调系统的管理。要全面地看待问题的诸多影响要素，军事不能只讲表面强大，而更多强调要有谋略。“上兵伐谋”就是一个最重要的观点。这个“谋”用现代的经营理念来说，就是善于分析问题、思考问题。

鬼谷子教导世人“审得其情，乃立三仪”，意思就是做事情做决策时，考虑上中下三种策略，根据实际情况进行比较分析。

孙子是世界公认的顶级谋略大师，他的思想和分析方法不仅可用于军事领域，而且也可用于经济、社会治理、质量管理等诸多领域。孙子在《计篇》中就谈道："夫未战而庙算胜者，得算多也；未战而庙算不胜者，得算少也。多算胜，少算不胜，而况于无算乎。吾以此观之，胜负见矣"，意思是战争胜利和失败与谋划多少有直接关系。

李冰治水更凸显了中华民族的伟大智慧和实践能力。发源于四川高山地带的岷江，是一条著名的汹涌奔腾的河流，常出现洪灾，携带的沙石冲刷千里之外。当时蜀郡太守李冰决心排除此害，为民造福，主持修建了后来闻名于世的都江堰。在当时无现代大型机械装备，甚至连火药爆破都没有的条件下，居然把岷江一分为二，真是令后人惊叹不已！中国古代人民非常有智慧，以火烧石，使岩爆裂，在玉垒山凿出宝瓶口，又将装满鹅卵石的大竹笼放入江心形成人工岛屿，形状好像一个巨大鱼嘴，岷江由此分为内江、外江。英国"二战"前丘吉尔亲自发明快速建造人工登陆岛的办法便类似这个原理，该岛在后来盟军诺曼底成功登陆过程中功不可没。

中国任何一个著名的工程或者项目的成就，都离不开中国人的智慧与汗水。

逻辑是指研究思维的规律，包括形式逻辑和辩证逻辑。形式逻辑包括归纳逻辑和演绎逻辑，辩证逻辑包括矛盾逻辑与对称逻辑。中国古代的智慧更多地体现在辩证逻辑与归纳逻辑上。

中国古代采取的是一种完全区别于西方数理逻辑的逻辑分析。这种基于事实推理的能力渗透在军事、工程等诸多领域，不乏善谋多断者，但更多的是在宏观把控，没能出现像西方那样的三段论式和数理公式推导逻辑，这也是中国近代科学落后于西方的一个很主要的原因。这种落后，必然影响中国现代质量管理，影响整个科学质量管理的出现和发展。

### 五、实践创造性

早在中华民族始祖黄帝时期，就经过实践摸索出"黍、稷、菽、麦、稻"五谷，当时被视为"艺五种"，种植需要相当高的技艺，种植质量更不可或缺，否则，一年一度或两度的耕种阶段把控不好，人们的生存就成了大问题。

中国比世界上其他国家更早更善于精耕细作，除了都江堰、白渠、龙首渠等伟大的水利工程外，生产工具和灌溉用具也极为先进。春秋战国就出现了铁犁，西汉出现播种工具耧车以及耦犁、曲辕犁。汉代冶炼铁业有了长足发展，特别是用煤作为原料来炼铁，炉温很高，铁的质量和产量得到了极大的提高，犁的质量有了根本改善。特别是巨型犁铧的出现，重达9～15公斤，需数头牛挽行，活脱脱的现代机械农耕作业。灌溉用具更趋大型，从三国时代的翻车，唐朝的筒车，宋代的高转筒车，到明清时期的风力水车，精耕细作技术由垄作法到代田法、区田法，发展已经极为成熟。

在生产实践中，古人有许多发明创造。如三国时诸葛亮的木牛流马，200年后，祖冲之也复原了出来。《南齐书·祖冲之传》说："以诸葛亮有木牛流马，乃造一器，不因风水，施机自运，不劳人力。"可谓是世界上最早的机器人。

此外，世界上最早的探索光的奥秘的实验——小孔成像，世界上最早用于通信的孔明灯，以及自动喷火机器兽、水钟、张衡浑天仪、地动仪、鲁班锯、曲尺等，都是古代中国杰出的科技成果。

中国古代冶炼技术长期处于世界领先地位。采矿方法有"火爆法""炼焦法"。明代鼓风设备也有较大改进，炉温提升，冶金质量世界领先。

春秋时期的铸剑技术已炉火纯青，举世无双，如出土的越王勾践剑、中国第一把铁剑龙渊剑、曹操所持可作盾牌的倚天剑。

《越绝书》记载天下第一剑湛卢剑的铸造方法，须用一千多米高的湛卢山里的铁母和泉水，经三年千锤百炼之后而成，头发及锋而削，铁器近刃则如泥。有这样的锤炼，方有上品剑显剑气之标准。

郑和下西洋彰显了当时明代航海技术处于世界顶级水平，郑和宝船是当时世界上能远赴重洋的最大最先进的船只，船长44丈多，宽18丈，帆也有12张之多。《郑和航海图》揭示郑和已使用当时世界上最先进的导航技术——牵星术、罗盘和西方航海天文定位，精确度非常高，偏差不超过2.5度。李约瑟的著作《中国科技史》对此有记载。

中国古代工匠在实践中还有许多发明创造。如专家发现故宫地基里有糯米成分，而明长城、西安城墙、福建土楼、承德避暑山庄、钱塘江海塘等也有这种情况。糯米汁掺入三合土，搅拌成灰浆，再黏合砖、石，具有优良的防水性能，不逊于水泥。分析表明，这是由于支链淀粉的功劳，控制了硫酸钙晶体增长，生成非常致密的结构，这种把有机与无机完美结合的智慧世界罕见。

中国古代注重实践出真知，深刻揭示了质量之道：业精于勤、熟能生巧、巧夺天工。油灌铜钱不溅一滴的卖油翁对于发矢十中八九不屑一顾，原本趾高气扬的射手深感震慑，问道："汝亦知射乎？吾射不亦精乎？"卖油翁答："无他，但手熟尔。"十行九业，各显神通，全在于"手熟尔"。

越王勾践剑、吴王夫差矛、四羊方尊、司母戊大方鼎等诸多当时世间顶级工艺产品，是中国的传世国宝，也是中国当时顶级质量的一个真实写照。千年的风霜，无法掩盖它们的光芒与辉煌。

中国古代的工匠精神莫过于大家所熟悉的"庖丁解牛"，其更是体现了中国古代工匠的惊世技术，19 年杀牛未换一刀，刀锋依旧锋利无双，首先这把刀的质量就是非比寻常的。庖丁禀告梁惠王，最主要的是道、神遇、依乎天理。其实也是说明按照事物的客观规律，熟能生巧。

## 六、严法优质，正法直度

古人很早就认识到质和度的关系，《管子·版法》中提道："人有逆顺，事有称量……事失称量则事不工。事不工则伤……故曰：取人以己，成事以质。"这个量，在这里指分量、尺度；质，引申为实力。而"事不工则伤"可以理解为"事情不完善则必有缺陷"。

中国古人令人震撼的质量成就，主要体现为精耕细作的农具、伟大的工程建筑、巧夺天工的手工艺品、高质量的兵器军械以及各项改变时代的发明创造。

古人抓质量主要有四条：一是严师出高徒，二是标准化作业，三是严追严责制度，四是质量追溯制。

1. 严师出高徒

手工技术传承的主要模式为父传子受，世代相传，甚至极为保密，如目前的云南白药配方。但也有明识之士觉得这种模式不利社会发展。

春秋时期的管仲就主张祖传秘制向社会传承转变，“令夫工群萃而州处，相宾材，审其四时，辨其功苦，权节其用，论比协制断器，尚完利”。

北宋王安石做丞相时进行变法，改善兵器制造质量是当时的重中之重，“凡利器以法式授工徒”。

此外宋代还实行严格的考核制度，“庀其工徒，察其程课、作止劳逸及寒暑早晚之节，视将作匠法，物勒工名，以法式察其良窳”。

为此，工师制度逐步成为质量把控的关键第一步，“论百工，审时事，辨功苦，上完利，监一五乡，以时钧修焉；使刻镂文采，毋敢造于乡，工师之事也”。《均工律》和《皇宋通鉴长编纪事本末卷》等文献都有相关记载。

同时，工师责任很大，徒弟教不好则要“籍书而上内史”。

2. 标准化作业

中国标准化可能从秦朝便开始成熟了，但此之前也早已有度量衡与法并列，如“衡石一称、斗斛一量、丈尺一绰（准）制，戈兵一度，书同名，车同轨”，又“修道路，偕度量，一称数”。

对于什么是法，《管子·七法》中论述：“尺寸也，绳墨也，规矩也，衡石也，斗斛也，角量也，谓之法。”

秦孝公时期，商鞅变法的时候首先就下狠心对度量衡进行了统一，“夫商君为孝公平权衡，正度量，调轻重”。

长沙左家公山楚国墓葬1954年出土了一架完整的天平，用于称量黄金白银。天平有木质衡杆、两个铜盘和九件环形铜权，铜权最小的0.65克，最大的125克。可见中国古代质量标准之精密。

秦统一中国后，做了大量一统天下的事情，尤其是统一了秦兵器。

秦朝的兵器标准化程度有多高？从兵马俑出土的4万枚箭镞只有7枚形制不一，绝大多数箭镞不同主面相应尺寸误差达到恐怖的微米级；发射器具弩机，各零件尺寸误差也在毫米以内。

标准化、程式化首先从度量衡开始，可以说，古代质量的基石就是度量衡，其重要性不同时代都有论述。

汉武帝则统一发行五铢钱，质量过硬有保证，并颁布禁止私铸的法令。

后来的宋朝名相、改革家王安石在《九变而赏罚可言》中提出“修五礼，同律度量衡，以一天下。”

关于标准化的古代书籍有：《军器法式》（共110卷，其中军器制造47卷，材料标准1卷）、《弓式》、《陶说》、《筑城法式》（集结了当时关于城池建筑、堤坝、水闸等的技术、工具、材料和工时等方面的规定），南宋时期著名的《营造法式》（有文字说明和图样参考，“国标”式建筑宝典）和《木经》，春秋时期的《考工记》（记载了一系列生产管理和营建的规范要求，即“程式”），《水令》（我国最早见于文字记载的灌溉规范）以及《农田水利约束》。

关于标准，古人认为有两个原则必须遵循：一是“取法于上，仅得其中；取法于中，故为其下”。二是《管子·宙合》中所说的：千里之路,不可直以绳；万家之都，不可平以准。”换成现代思维来理解，一是执行的标准要高，高于已经制定的标准；二是必须从实际情况出发，不能只用一个死标准来衡量或者执行。

现在个别检测专家和评审专家，总喜欢用一个标准来指指点点，甚至判定事故责任，不顾客观实际情况，不顾各方面的变化，以为这个标准就是质量的唯一正确标杆，只怕古人复活，也会笑掉大牙。

3. 严追严责制度

现代人确立ISO质量体系认证后，一味只讲如何对付监督评审，或者只讲形式上的执行，却不愿意花费时间和精力去真正贯彻实行。古代人则不同，他们很清楚所谓的程序只是第一步，保证程序的有效执行才是更重要的。

如何保证？一是质量监督官员；二是严酷的法律及官威；三是质量追溯制度。如王安石就任命沈括为军器监，既亲研制作武器、冶炼钢铁，又督察各地方官吏的武器制作，不合格者“黜陟其官吏”。古人对质量问题基本上都采取零容忍的态度，甚至处理方式相当残酷，不管是官方还是民间。《礼记》里有记载，周朝未成熟的蔬菜瓜果禁止上市，在非狩猎季节那些大型动物也是禁止猎杀的，如果违反了就会受到非常严厉的惩罚。《唐律疏议》里提到商人发现变质食品必须立刻焚烧，如果有人因吃变质食品导致中毒死亡，商人就会被判处绞刑，到了明清时代则改为杀头。史料记载，道光年间，有一位顾客吃了北京东四大街一王姓猪肉档的猪肉，上吐下泻，告到官府，结果这位王老板被斩立决。

4. 质量追溯制

《吕氏春秋》记载："物勒工名，以考其诚，工有不当，必行其罪，以穷其情。"

春秋齐国一枚铜权，上铸有一行小字"右伯君，西里疸"，这可能是世界上有记录以来最早的原产地证了。右伯君是铸造主官的称谓，西里则是铸造所在的地点，"疸"据考证是铸造工匠的名字。这种质量追溯制不可不谓"短小精悍"。

到了汉朝，质量追溯制更加完备，建立了类似现在的档案——骨签。如汉武帝的骨签就详细至贡器名、数量、日期、官名、工名等。

《大明律》《大清律例》都提及关于质量方面的惩治，偷工减料等轻则打大板，重则斩首。由于多方面因素，某种程度促成了中国工匠们为世人留下了许多宝贵的质量财富。

中国的质量管理基于中国传统文化历史，还有一大特点，区别于发达国家质量管理，即自力更生、艰苦奋斗。由于社会发展早期，物质极其匮乏，生产力极度低下，即便是唐宋盛世时期，物质财富远超世界，生产力发展水平与现代相比也是很落后的。因而，有远见卓识的统治者、社会管理者均提倡节俭、自力更生、艰苦奋斗的精神。

科学质量管理有四个基本特征，第一个是系统性，第二个是实验性与实践性（神农尝百草），第三个是分析性，第四个是创造性。而中国古代哲学就有不少关于这四个方面的思想，特别是思考如何正确地做一件事。

# 第三章　西方科学质量管理思想

美国在调查报告《21 世纪的美国质量》中赞叹："比起其他任何项目，波多里奇国家质量奖都更注重于把质量作为国家和民族的最高优先级……"

## 第一节　工业革命时期西方质量管理思想

没有思想的解放就没有工业革命，没有工业革命也就没有科学质量管理思想的产生。工业革命时期的质量往往是和创造发明联系在一起的。

工业革命前期生产力水平低下，原有的生产资料和生活方式极度落后，物产资源非常匮乏，但随着人口和教育发展，社会开始步入生产力极大提升时期，真正的自然科学和工程技术也开始出现，所以每一次创造和发明往往就代表着产品与生产质量的一次重大的飞跃。这个时期的创造发明主要是造船、纺织、武器。

罗马人强大的船队和盛极一时的海上贸易，加上欧洲本身得天独厚的条件，无形中促进了欧洲近代国家产业向内河航运和海洋发展。

海权论的鼻祖，曾在 1908 年出任美国海军事务委员会主席的阿尔弗雷德·赛耶·马汉指出，向河向海进军，首先是要有造船技术。

除了造船和探索航道外，古代欧洲人为了征服海洋，在靠近海岸线的地方总设有一个高高屹立的灯塔。为什么称灯塔具有跨时代的质量？古代没有电又没有太阳能，只有煤油灯，那么怎会产生如此强劲、如此高质量的灯光给茫茫黑夜中大海的船只照明呢？

### 一、工业革命前的造船技术

众所周知，美国是当今头号海上霸主，但在"二战"前，称霸世界大洋的却是大不列颠帝国。

早在17世纪末，英国海军部长塞缪尔·佩皮斯就恼火为什么英国战船各方面性能和质量都比其他几个海上强国差。为了改变这一点，佩皮斯第一步改革就落在人身上，制定海军官员制度，规定绅士要想任职或晋升，必须跟随海军先出海。但是，改变始终不容易。

一直以来，英国造船术还是以手工制作为主，是一门手艺活。早期的商船和战舰的建造都取决于工匠手艺精湛与否，龙骨、肋骨、船舷、帆杆、加强板、船壳等需要不同的木料，这些木料如何能够加工成各种曲面曲体，又如何能够完美连接？这个质量主要把握就在于工匠的自身技艺和经验。

1852年出版的《航海宝鉴》里提道，船舶的设计和制作完全是依靠造船匠自己的经验，一些关键的结构部件即使偏离20英尺也不会被质疑，科学和造船毫不相干。

只有到了美国独立后，这种状况才开始有了改变。美国需要更快、更有效能的远洋船，所以船需要延伸，两桅间、风帆间的距离更大，利用风力水平大幅提升，航速远超欧洲船。

工业革命后，瓦特发明了蒸汽机，美国人罗伯特·富尔顿经过多次试验才成功造出蒸汽机船，这才有了世界造船业的真正革命，质量有了根本保证。

美国造船不仅在技术上远远超过了欧洲，而且在经营服务和运输方面也做了重大的创新。最早的班轮，也是美国人的发明。早在1825年，美国黑球轮船公司从纽约到利物浦的月班航线的航行时间只需23天。服务质量的提高带来了更大的利润，反过来要求船舶的质量要有更大的提升。

## 二、棉纺织业的质量萌芽

质量先行，造就了大不列颠“日不落帝国”的称号。

英国人很聪明，衣食住行，首先是衣，英国人把这个“衣”演绎得非常好，整个“日不落帝国”可以说从根本上就是建立在这个“衣”的基础上。

英国开始走向世界强国之路，就是靠纺织业。特殊的地理环境和适宜的气候造就了英国的羊毛非常洁白、非常柔软，羊毛生产质量特别好，1300 年，英国出口羊毛 28 万英镑，占整个出口贸易比重的 93% 以上。特别是圈地运动的发展，更是让英国从一个传统的农业国变成一个工业强国。15 世纪末，世界航路的开辟，使处于大西洋航运中心的英国获利丰厚，它开始走向世界强国行列。

工业革命前，印度生产的高端棉制品的质量引领世界。棉花在印度有几千年种植史，古希腊时期印度的棉纺织业已很成熟，孟加拉国产的棉花质地优良，旁遮普等地棉制品更是精美舒适。到 14 世纪，印度古吉拉特邦制作的鹅图案棉织品已销往包括非洲在内的很多地方。

此前，棉被认为是奢侈品，只有上流社会才能享用。但随着社会发展，棉的需求剧增。但是英国的棉纺织业极为落后，17 世纪英国棉布原料来自塞浦路斯，品质中下，数量较少。加上技术、工具等方面的限制，英国只能生产质地低劣的粗麻布。当时威尼斯大使对英国不屑一顾，说："在世界各国的眼中，英国只不过是一个毫不起眼的国家，因而无足轻重。"

英国之前占优势的羊毛产业已大不如前，但棉又无羊毛所独具的天然优势，如何才能后来居上呢？

英国政府通过各种优惠政策以及奖励，促进技术进步，使科技充分发挥第一生产力作用，不断提升棉纺织品的质量，逐渐实现超越并领导世界。

1733 年，飞梭发明，纺织工效提高一倍。1765 年，珍妮纺机发明，工效提高八倍，后来又提高到十几倍，但纱线变细。1769 年，水力纺纱机出现，纱线克服了之前变细易断的缺陷。1779 年，骡机出现，纱线又细又韧又软，棉纺品"量""质"双赢。1779 年，使工效提高了 40 倍的水力织布机出现了。

由于净棉机、卷线机、梳棉机、棉纺晶整染机等的出现，使得英国的印花、漂白、染色等技术直接引导了工业革命。1785—1850 年，英国棉织品产量从 4 000 万码骤增到 20 亿码，棉布在英国人的努力下已成为人类历史上第一个全球化商品。之后进入了蒸汽时代，英国棉布的质量也有了大幅度的提高，图案精美、色泽鲜艳，穿着暖和舒适，价格低廉。

正是由于近代纺织业发展的追切需求，1769 年，瓦特因为设计出

"减少火力机的蒸汽和燃料消耗量的一个新方案"而得到了专利权。从纽可门开始，蒸汽机经几代改进，英国已逐渐开始奠定其世界工业中心的地位。

质量强国，英国很好地诠释了这一点。

### 三、灯塔、航道管理及整个社会基础设施有质量的规划和发展

欧洲人很早就重视向河海进军，打造相关的基础设施。如罗马人在公元1世纪末，在西班牙拉科鲁尼亚港建造的大力神灯塔（又名埃库莱斯灯塔），高55米，分3层，迄今近两千年历史，历经风霜雨雪、战火洗礼依然临海巍然屹立，指引航船。

荷兰人的做法在海洋产业建设和质量管理方面尤为典型。荷兰的河道有很多是人工运河，打通了天然的水系，水网纵横交错，四通八达。如今荷兰的水利工程及围海造地等技术依然引领世界，须知荷兰很大一部分国土还低于海平面。

马克思曾评价荷兰海上贸易发达，渔业、海运业和工场手工业都胜过任何国家，马克思认为这个共和国所产生的价值，也许比欧洲其他国家的价值总和还要多。

## 第二节　西方科学质量管理思想的诞生

美国调查报告《21世纪的美国质量》提道："比起其他任何项目，波多里奇国家质量奖都更注重于把质量作为国家和民族的最高优先级……"

### 一、思想的解放与劳动者潜力的释放

作为老牌资本主义强国，英国的质量管理思想比后来美国的更人性化、更解放，冲击力更强。

首先是分工，劳动分工及质量管理有着最原始、最密不可分的联系。亚当·斯密详细地记述了工业化大生产早期的分工协作及好处："人类把注意力集中在单一事物上，比把注意力分散在许多事物上更能发现达到目标的更简易更便利的方法……一个劳动者，如果对于这职业

没有受过相当的训练，又不知怎样使用这个职业中的机械，那么纵使竭力地工作，也许一天也制不出一枚扣针，要制 20 枚扣针当然是不可能的。但按照现在的经营方法，不但这种职业已经成为专门的职业，而且这种职业分成若干部门，其中有大多数也同样成为专门的职业。一个人抽铁线，一个人拉直，一个人切断，一个人削尖线的一端，一个人磨另一端，以便装上圆头……扣针的制造分为 18 道不同的工序，分由 18 个专门工人担任。固然，有时一个人也兼任两三道工序。我见过一个这样的小工厂，只雇用了 10 个人，在这个工厂中，有几个工人担任两三道工序。像这样的小工厂的工人虽然很穷，他们的必要机械也很简陋，但如果他们勤劳工作，一日也能成针 12 英镑。以每英磅中有 4 000 枚针计算，这 10 个工人每日可成针 4 800 枚。”

一枚小小的扣针，18 道工序，需要专业的分工来保证其生产和质量，斯密用实际例子揭露了现代大批量生产的质量保证的前提是分工负责，然后就是千锤百炼。

罗伯特·欧文，伟大的空想社会主义者，也是一位企业家、实践家，可谓是开创了现代质量管理的人性化实践与科学理论。欧文小时候目睹工厂资本家的冷漠、巨大的劳动强度、残酷的失业、恶劣的劳动条件，所以长大后以一己之力向全世界推广他的人性化管理思想及系统化管理实践。欧文在新拉那克工厂以改善工厂的条件、工作环境和工人生活为伊始，包括为工人建造房屋、公共饭堂、学校、医院、娱乐中心，制定了一系列规章制度，严禁雇佣童工、禁止惩罚和训斥工人，强调科学的人力资源开发、行为科学。欧文在木块上涂上黑、蓝、黄、白四色分别表示恶劣、怠惰、良好和优质四种品行，并允许工人申诉，公开公平的表现形式大大刺激了工人的积极性，同时也开创了现代的层级管理理念和激励机制。

现代计算机的鼻祖人物之一查尔斯·巴贝奇（1792—1871），管理科学的先驱代表人物，也是英国数学家和发明家。巴贝奇不仅详细论述了劳动分工后，注意力能集中于比较单纯的作业，能改进工具和机器，而且论述了分工后更能设计出更精致合用的工具和机器，从而大大提高劳动生产率。

巴贝奇 1882 年设计出世界上现代计算机的雏形——一台小型差分

机，用于工厂工人的工作数量、原材料的利用程度等各种计算，即著名的“管理的机械原则”。巴贝奇 1832 年发表的《论机器和制造业的经济》，详细论述了劳动分工能够提高效率，并提出了如何确定平均工时的方法、生产过程的精确成本、观察制造业的方法、生产程序的集中化管理等，思想和实践强调发展精密质量、高效高速的机器为人类服务，是比美国的泰勒制还早了几十年的科学质量管理的鼻祖。

## 二、科学质量管理的主要思想和发展历程

不同的社会发展阶段，有不同的科学质量管理内涵，随着时代的进步而进步，随着生产力的发展而不断地创新和完善。早期的科学质量管理思想在西方公认为是泰勒所创始。

科学质量管理的发展经历了质量检验阶段、统计质量控制阶段和全面质量管理阶段。但是，这种划分更多的是基于不同发展方向，主要倾向于功能，而不是历史发展的过程。因为在统计质量控制阶段，其实还是基于质量检测结果，也就是包含了质量检验阶段。而全面质量管理阶段则包括了质量检验阶段和统计质量控制阶段。

在全面质量管理阶段，也是要把质量检验作为一个非常重要的不可分割的部分，而并不是把它单独摘出来作为一个整体。

泰勒从一开始就把质量管理当作一个科学的管理过程，一个必须考虑各种因素、全面的过程管理。某种意义上，也就是所谓的全面质量管理阶段，只不过是由于当时的认识或科学技术发展水平的制约，没能够把所有的质量控制因素和管理过程考虑在内。

正如目前所认为的全面质量管理，到将来实质上也不等于就是全面了。

科学质量管理的发展离不开古代人的聪明才智，传统总是以某种形式延续下去。所以，科学质量管理至今大概经历了四个阶段：早期的生产管理阶段、科学管理开端阶段、精确的科学管理阶段以及现代的系统管理阶段。每一个阶段都充分地体现了科学技术进步和科学工具的广泛应用。可能在早期的生产管理阶段中，有思想的人已经认识到系统管理和技术精确管理的重要性，但是由于技术手段和科学的进步受到当时条件的制约，所以很多事情只能想却做不到。但是，这并不意味着他们就

缺乏这样的思维（如中国古代预测地震的地动仪），因为在现实的操作中系统思想和技术思想的的确确是在一代又一代人脑海里一点一滴地形成的。

1. 早期的生产管理阶段

正如前面章节所述，中国早期生产管理阶段基本上就是手工艺人的个人管理，但是中国古代工程建筑却体现了非常高超的质量管理方式。伟大的长城历经千年战火战乱、风霜雨雪、风沙尘暴仍然屹立不倒，可谓是世界质量史上最伟大的工程和最好的奇迹！埃及金字塔也是人类质量史上的奇迹，其如何建造的神秘面纱未完全揭开。

中国的长城，不管是从规模之宏大、质量之牢固，还是从功绩之卓著、思想之深刻方面，都无不显示这是人类质量管理史上最顶尖的杰作。相较于罗马古城、古希腊帕特农神庙、阿拉伯所罗门圣殿，长城作为防御的主体工程历经枪林弹雨、风霜雨雪，依然雄踞崇山峻岭不倒，真是世界奇迹中的奇迹。这是中国古代劳动人民的智慧和血汗，也是全人类质量史上的瑰宝。西方发达国家目前的质量管理水平虽然很高，但早期生产质量管理能力也只是局限于个人技艺。

西方发达国家可以说从海上霸权开始建立。从意大利威尼斯人在中国学到造船技术，以及罗盘、指南针应用，到哥伦布、麦哲伦远涉重洋开辟新大陆，与辉煌的航海功绩一起显赫的是令人大为惊叹的造船行业。

现代造船行业已经细分为许多种类，大连海事大学光是轮机工程系下面就细分为船舶主动力装置、船舶辅机、轮机自动化、船机工程、船电设备和船舶电工等专业。其他专业还有船舶流体传动技术和装置、船舶虚拟制造技术、船舶机械摩擦磨损机理及控制技术。相关学科和专业还涉及几何、机械设计与制图、力学、电工、测量、CAD/CAM 技术、机械工程、机械系统嵌入式控制、数控技术等。

从产业链来说，船舶类的产业链可分为上中下游。上游与造船密切相关，有船舶的设计、制造与配套产业，包括专业的船舶发动机、船舶机电一体化、专业船舶仪器仪表、船上各种导航设备、各种帆具。中下游范围更广，在这里不再赘述。

但是与现代的造船业五花八门的学科和专业，以及一整套成熟的造成工艺和流程相比，西方古代造船业之所以取得了成就，往往是靠工匠个人的技艺精湛和辛苦工作，大多仍是缺乏科学管理和技术标准。

由于当时环境客观因素，造船工匠必须严守技艺秘密，从当徒弟起就必须订立契约不外传，所有关键尺寸、关键部件架构都在造船工匠头脑里面，其他人只能严格遵照指示作业。造多大的，是战舰还是商用船，用哪种木料做龙骨，用哪种木料做肋骨，用哪种木料做船壳等，哪些部位加工成哪种曲线、曲面，不同的木材如何才能够保证严丝密缝滴水不漏，这些内容全部在工匠脑海中。如果是战舰，还必须根据以往的经验考虑如何在战斗中维护保养，考虑如何迅速恢复战斗力等，这些基本上完全取决于造船工匠个人的手艺以及他严守的传承下来的秘密。

这样的生产经营方式，随着技术以及社会生产力的发展，明显阻碍了造船业的进一步发展。

在工业革命之前，产品的质量基本上是靠个人来把控，质量好坏也基本上是师傅或这个领域里最德高望重的工匠说了算，质量完全体现了工匠的技艺水平和经验。

2. 科学管理开端阶段

这个阶段主要体现为泰勒制和福特制。公认的现代意义的质量管理的开端是质量管理之父泰勒（1856—1915）开创的“泰勒制”。从此质量管理才真正作为一门有用的科学，值得一代又一代的质量工作者、生产者、管理者去实践和研究。

泰勒的思想和理论，成功地把质量检验阶段从工厂的产品制造阶段中剥离出来，各工序各职能清晰区分。其实，泰勒真正伟大之处在于承认了工长的巨大作用，而不是单纯认为质量取决于企业最高管理者。相比较而言，泰勒的理论更好地体现了实践的结果，更加符合实际的需求。现代的 ISO 组织以及西方发达国家和我国相关的标准仍然停留在另一方面。

泰勒曾在国会上发表人类科学管理公开宣言：“科学管理的实质是一切企业或机构中的工人们的一次完全的思想革命……没有工人与管理人员双方在思想上的一次完全的革命，科学管理就不会存在。”

这个伟大的思想革命就是科学管理的实质。但是目前我国推崇备至的 ISO 9000 的基本要素，没有任何一条从根本上承认这一点的重要性和伟大意义。企业依然把 ISO 9000 的规定和企业内部的纪律当作实现先进科学质量管理的金科玉律。

科学质量管理的鼻祖泰勒确定科学管理三大内容：作业管理、组织管理和管理哲学，而在实践中创立的“工长的质量管理”，强化职责的同时也提升了管理的荣誉感。

事实上，工长制并非只存在于泰罗那个时代，不同的国情、不同的历史时期有不同形式的工长制，直到今天的中国还有很多企业采用工长制或类似的制度。

现在，中国有些地方把一百多年前泰勒的工长制发挥到更高的层次。如江苏省滨海县曾出台《滨海县企业民主管理实行“工长”制的意见》，这个工长跟泰勒制的工长有着本质的区别，他更好地代表了工人的利益，而不是企业管理者，他不仅需要具备类似泰勒制的工长职能，而且还要为了职工利益实现企业民主管理，构建好新时代和谐的劳务关系，比如参加企业生产经营，开展安全生产和相关的各种检查，强化维权工作，促进廉政建设，做好信息反馈等。

科学管理源于美国，并在“二战”时爆发出惊人的生产力。以美国海军为例，“二战”前，美国海军只有5 艘航母，“二战”结束后就拥有了一百多艘航母和护卫航母。

虽然希特勒早就意识到向美国开战带来的潜在危险后果，如向美国宣战前千方百计避免刺激美国人，严令德国潜艇不得袭击美国的商船。但是日本当权人士完全无法想象美国拥有惊人的管理能力和生产能力，愚蠢地向美国开战。

如果说泰勒更多的是一种个人的探索或者是思想理论的开创，那么，福特就是开创了真正科学质量管理实践的先河。

福特制是批量生产控制的典型范式，也可以说是现代生产质量控制的鼻祖。在某种意义上，泰勒制是理论的开拓、科学的试验，福特制则是行动的先导、成功的典范。福特的生产模式和质量管理方式在残酷竞争中取得了巨大的成功，直至今天。我们许多人可能不知道泰勒，但福特汽车家喻户晓。

20 世纪初，福特在广泛吸取了德国汽车工业、英国汽车工业的优点之后，敏锐地注意到其中的不符合时代发展需求的致命缺陷，首创世界第一条T形生产线。他以专业化为基础科学分工，所有工序实现标准化、自动化，劳动生产率大大提高的同时，不合格率大幅下降，缺陷产品得到严格的控制，质量管理直接服务于生产过程，开创了现代化工厂的新模式。

美国质量发展经验表明，质量首先来自严格的专业化分工。其次，科学管理开端阶段强调质量检验，作为质量管理分工里面的重中之重，检验是质量保证的基本方式之一。从此，质量检验机构开始独立于其他运作，至少体现在职能上。

通常认为，质量检验阶段主要是指在相当长的一段时期内，社会生产普遍是通过检验的方式来控制和保证产出，或控制和保证转入下道工序的产品质量。

但是，检验毕竟是事后的行为、事后的把关、事后的清算，检验无法给生产厂家带来直接的质量和效益，目前中国倒有不少业内人士认为，质量管理的重点不在于检验，而在于事前控制。

但是，如果没有严格的检验，如果没有第三方公开权威的监督管理，在中国目前如此广阔的商品市场和现实状态下，要想保证质量，只能是乌托邦式的幻想。

中国在改革开放伊始，通过出入境商品检验部门检验进出口商品质量，是各类进出口贸易公司、生产厂家向贸易方保证产品质量的主要形式。由于严格的检验规程和认真负责的态度，中国商品的质量在与东南亚商品的较量中逐渐占了上风，甚至在日本质量神话破灭之后，中国制造响彻世界，在与欧美一流企业的竞争较量中也尽显古老东方文明风范。中国制造遍布全球各地，中国商品销往世界各地没有一定的质量是无法想象的。

3. 精确的科学管理阶段

“纯科学和应用科学都越来越将对精确性和精密性的要求推向极致。但是，应用科学，尤其是应用于可交换部件大规模生产中的应用科学，在涉及特定的精确性和精密性的问题上，其确切性比纯科学有过之而无不及。”这是有着“统计质量控制之父”之称的贝尔试验室研究员沃特·阿曼德·休哈特的名言。

这一阶段是以基于数据分析的质量控制开始的，力图把行之有效的数理方法，转换成合适的控制工具运用到质量管理中。

我国现在很多部门都有了自己的制服，这些衣服都是按照每个人的尺寸量体裁衣定做的，但就是这样还有不少人觉得自己的制服并不合适，有一些不得退回去重新换。“一战”期间，美军后期参与的总兵力已经达到300万人，这个庞大的军队同时产生了一个令人头疼的问题，就是在短时间内如何让生产的军服满足这几百万人的需求。美军高层很聪明地把这个皮球踢给了贝尔实验室。但这种难题对休哈特这种大师级的数学家来说是小菜一碟。他给美国国防部的建议就是按照10种规格不同的尺寸加工出不同的数量，因为这几百万名士兵的军服规格是符合正态分布的。

1924年5月16日，休哈特在贝尔试验室提出了使用“控制图”的建议。他很清楚，统计，不管使用的工具如何精准，都是事后的数据。而在质量管理中，使用了控制图就能够很好地避免单纯的事后检验，从而把废品控制在萌芽阶段，生产、检验和预防同时进行。这一质量控制思想，在战争中为盟军胜利立下汗马功劳。

战争期间，由于客观环境需要，美军必须在极短的时间内生产出大量的武器，但前线士兵反馈武器有不少问题。美军的高层指挥官非常头疼，这时候他们又想到了美国贝尔实验室的科学家。科学家为处理这个质量问题，设定了两个组，过程控制组和产品控制组。休哈特发明了控制图及首创了过程控制理论，道奇等人则首创了抽样表及抽样检验理论(1929年公开发表了《抽样检查方法》)。

控制图诞生的这一天，世界诞生了全新意义上的科学质量管理。从此，与数理统计方法相结合的精确的科学管理阶段开始了。

如果说抽样检验理论解决的还主要是事后检验问题，那么休哈特的过程控制理论则是革命性的思想进步。如何在质量问题出现前就预先控制，问题的关键就在于此。

科学家是怎么样把精确的科学管理应用于质量管理中的？首先，更多的是军事上的迫切需求。“二战”初期，德国空军占据巨大空中优势，苏联如何在捉襟见肘的兵力装备下保卫莫斯科？奠定了概率论公理体系和马尔可夫过程论的苏联数学家安德列·柯尔莫哥洛夫，在1939年研究了经验分布与理论分布最大偏差的统计量及分布函数，然后又发展了平稳随机过程等理论，并应用于1941年莫斯科保卫战中的火炮自动控制，在卫国战争中立了功。几乎与此同时，维纳也研究了相关数学问题，将随机过程理论和自动控制理论用于战争需求，为军方提供了非常有效的数学模型，令火炮命中率大为提高。

美军充分发挥数学家的作用，在“二战”中把各类作战当成质量控制中的不合格品分析，为赢得最终胜利发挥了重要作用。“二战”期间，为了更好地保护飞行员，美国军方特意做了一个统计，把所有的飞机上的弹痕统计出来，分析得出应该从机身哪个部位增加飞机的防护，这样既能最大限度地保证飞行员不容易受到伤害，又能最大限度让飞机减轻体重，使飞机速度更快、更灵活。但是，美国的统计学家亚布拉罕·沃德却由此得出了一个完全相反的结论，因为他注意到那些永远没回来的飞机才是影响结论最危险的因素。亚布拉罕·沃德把防护弹痕少的关键致命部位当成质量控制中的缺陷，特别注意到因此受重创难以返航的战机，经过大量模拟计算，倒推致命缺陷，从而找到更需要改进的关键部位。其发明的序贯概率比检验（1947年出版专著《序贯分析》），既大大节省抽样数量，又提高了可靠度及精确度，为“二战”胜利做出了贡献。

《质量控制指南》《数据分析用控制图》《生产过程中质量管理控制图法》等一批美军专用标准，为“二战”胜利发挥了无与伦比的作用。

美国率先开创伟大的质量管理控制方法，战争期间绝大多数涉及军工的工作都需要保密。战后，为美国生产军工的企业扩大民用领域，数理统计专家们、质量工程师们已经广泛应用此道，精确性质量控制方法自然而然得以迅速扩展。

美国的成功经验和划时代的创新纷纷引起世界各国，特别是得到被美军占领过的几个国家——日韩西德的重视，为后面的惊世崛起赶超美国打下了坚实基础。

与中国略有不同的是，美国许多企业领导人、管理者和各行业数理统计人员、金融界人士、保险人士、各领域专家、工程师，甚至普通民众，都钟情于或者迷信于概率估算、精确性质量控制。

4. 现代的系统管理阶段

这一阶段，主要体现在全面质量管理等理论和实践中。美国通用电气公司前质量负责人阿曼德·费根堡姆认为，“全面质量管理是为了能够在最经济的水平上，并考虑到充分满足客户要求的条件下进行生产和提供服务，把企业各部门研制质量、维持质量和提高质量的活动构成为一体的一种有效体系”。

从1959年美国国防部推出两项军品质量保证试用标准开始，到1979年英国制定了世界上最早的国家质量管理标准BS 5750，乃至1987年ISO 9000系列国际质量管理标准问世，全面质量管理理念已经落地生根。

1961年，美国菲利浦·克劳士比（原ITT公司质量总监，1968年升任ITT公司副总裁，1975年担任ASQ总裁，曾荣获美国政府“杰出公民服务勋章”）提出了零缺陷管理理念，1965年传入日本。但是，该理念除了在日本被毫无疑义地奉为经典外，更多只是被所谓的管理专家讥笑为作秀和不可能的搞笑运动。但是，据有关资料报道，20世纪80年代，美国的汽车零配件不合格率是1%～4%，而日本仅为0.001%，差距千倍。后来不少质量管理专家分析，日本从“二战”的战败国一跃成为世界经济强国，并能对当时美国的经济霸主地位产生严重威胁，以及在当初几十年里日本制造成为高质量的代名词，日本质量神话的诞生，这一切都应归功于日本人掌握了全面质量管理的精粹——不管是在哪个环节、哪个层次，质量的要求都必须是零缺陷。

2004年9月，我国发布《卓越绩效评价准则》，标志着中国质量管理思想意识进入了一个从单纯求质量提高到追求卓越的新阶段。

美国著名管理学家德鲁克非常自豪地声称：“科学管理是一种关于工人和工作系统的哲学，总的来说它可能是自联邦主义文献以后，美国对西方思想做出的最特殊的贡献。”

# 第三编　当前质量管理哲学与实践

# 第一章 欧美质量强国的质量管理哲学与实践

爱马仕的调香师让—克劳德·艾雷纳，当知道记者是中国人时，提到自己的工作成就，很幽默地说了一句真谛，“我有的是时间来创作一款香水”。

质量问题上，我们曾经落后，虽然我们现在国力增强，差距缩小了，但是面对西方发达国家，我们依然还有很大的差距要追赶，目前这种差距根源更多在于每个人的质量意识上。

现在绝大多数人都认可高素质人才的产生离不开优良的环境，但很少有人意识到，中国质量的强大同样需要优质环境和土壤，其中主要的一条就是每个人的质量意识和行动意识。德国人煮意大利面都要用称量方式，而这样的方式能够迅速有效推广，源于意大利人在许多意大利面包装内配备了一块有几个大小不同空圈的小板板，这比电饭锅配备的刻度杯更直观、更高效。反观国内有着深厚制造基础的制造强省广东的许多技师技工，在量度方面几乎都是凭感觉。比如一位师傅，他喜欢午休时间出外散散步，午休时间有一个半小时，但一公里不足的路程，他往往因为害怕迟到而提前一小时即往回走，因为他的大脑意识无法接受正常人每公里平均只需行走十一二分钟，即使预留二十分钟，甚至是半个小时，这位师傅依然感觉会迟到。这实际表现了师傅的主观意识远出入于客观事实，反映在质量工作中，就是盲目相信经验而不是科学数据。

基本上，质量管理意识和质量水平成正比。综合各国多方面的平均管理水平及尖端领域、优势领域可作如下划分：第一层次：欧盟核心圈、英联邦核心圈、美国、俄罗斯。第二层次：中国、日本、韩国、乌克兰、印度、南美、非欧盟核心圈。第三层次：新兴制造业国家，如墨西哥、越南、印度尼西亚、摩洛哥等。

美国是质量大国，也是质量强国，更是质量创新强国。美国人善于找到品质相当不错、创新科技含量高的产品并推向市场，挖掘客户的需要完全取代了符合客户需求，然后制定规则和ISO标准告诉你要符合客户需求，这样美国人永远没有真正的对手。比如饮食，在美国似乎找不到颇有特色的美食，但是麦当劳、肯德基等快餐却赚足了全球富豪、穷人的钱；可口可乐和百事可乐，销量远胜本来更健康、更美味的东南亚果汁。而口味一般般的星巴克，要是考究里面的咖啡，和意大利、巴西的根本无法比拟，但星巴克就是能在全世界攻城略地。

美国的质量管理哲学，成也体系，败也体系。正是因为一大批质量管理大师创新了各种质量管理体系，美国的生产力才能高质量地发展，美国的各种社会保障体系才能够高质量维持下去。但是，许多大企业发展至成熟阶段，占领市场主导地位时反而倒下，究其根源，往往是因为太过迷信体系。在手机通信行业，如诺基亚、摩托罗拉、爱立信、西门子等曾经的巨头一瞬间集体退出历史的舞台，虽然目前有的重新出山了。原因肯定与传统的质量概念不同，但确实是客户需求发生变化导致。也就是说，在技术大变革时期，客户亟须跟上时代潮流的要求远高于质量体系标准要求，如果管理层没有意识到这一点，或者还是陶醉在自己严谨的质量体系操作中，沉迷于市场数据绝对值的增长而忽视了相对市场份额的被侵占，那么被淘汰出局的命运时刻在招手。所以传统的质量意识必须要及时改变。

美国质量管理大师克劳士比很早就深刻体会到这一点，但目前按照标准作业的质量实际上并不能等同或者是及时跟上客户的要求，这就直接导致上述手机大品牌被新的代替。很少行业能如手机行业这样被快速大洗牌的，关键原因就是质量直接建立在最新的科技及用户的最新需求之上。三星手机则在几轮争夺中越战越勇，由之前的十名开外到目前占据主导地位，不能不说韩国的创新质量高超。

欧洲质量哲学更多地强调了安全与环境，不仅仅局限于产品或服务本身的使用性能，并且在管理意识方面，更加着重创新、信息化建设、专门化，各国还有不同特点。

俄罗斯的质量管理历来都具有独特的技术优势和品质优势，任何人都不应忽略俄罗斯的制造能力以及公共服务能力。

日本人的确是世界上少有的质量伪强国，在某些方面也可以谈得上质量精国。但是日本人一些神奇的造假集体意识，以及不给别人添麻烦的虚伪与冷漠同样给日本声誉造成了严重的损害，让大家明白日本这样一个国家，从来都是以两副不同的面孔展示自己，日本的表面质量和实际质量的的确确不相符，如日本核电站一次又一次的泄漏以及管理层的“负责”态度，所以日本顶多只能置身于第二层次的质量国家，这主要考虑到日本制造、日本经济管理奇迹对人类的贡献，但这种贡献和核泄漏相比，实在只能是小巫见大巫了。

## 第一节　英国：皇家质量制造

英国通过棉纺织技术和质量发展，开启了工业革命的先河，成就了所谓的“日不落帝国”。又伴随着棉纺织技术和质量发展的停滞，英国在“二战”前开始衰退，直至新世纪，英国人的质量意识才重新占据主导。2002 年英国政府设立制造业咨询机构，为众多领域的制造业提供指导和帮助，据说有上万个项目。

### 一、整体质量状况及著名品牌

英国制造业一个典型的代表就是劳斯莱斯，其不仅是世界上顶级豪车的生产商，还是世界上顶级航空发动机的制造商，包括为全球陆海空民用军用部门提供超过 3 万多个动力引擎。劳斯莱斯早已经是世界制造业的顶级标杆。

许多人都认为德国、日本的设备质量世界闻名，但少人知道，现在许多机器必须由主板控制，而主板里面的芯片，绝大部分是由英国 ARM 公司设计的。

英国是世界上第一个实现工业革命的国家，是现代工业革命的摇篮。英国改变世界的发明除了“二战”期间的巨人计算机外，还有航母、互联网、光纤、碳纤维、DNA 测序等。

目前英国仍然在全球各地拥有许多顶级品牌的大制造商，同时也是顶级石油产品、电脑、手机的制造强国。比如美国设计的苹果手机，其中的平整度弧度的测量金标准就是来自雷尼绍（Renishaw）——一家以解决飞机发动机燃油管的测量难题起家的品牌，也是材料无损分析的拉曼光谱的顶级制造商。

20 世纪 70 年代初，协和式喷气客机使用的 Olympus 发动机有非常特殊的检测要求，为了解决这个当时世界级的难题，David McMurtry 爵士发明了创新的触发式测头，这种变革直接影响到后来的加工零件检测。雷尼绍公司之后和英国利兹大学合作研制了世界上第一台激光共聚焦显微拉曼光谱及其成像仪，1993 年荣获查尔斯王子科学发明奖，两年后又获得英女王技术奖和最佳科学仪器制造商等奖项，不管是在速度、精度还是在灵活性、可靠性等方面始终在世界上保持领先态势。

除了工程技术领域的劳斯莱斯、雷尼绍外，还有 007 御用座驾阿斯顿·马丁、捷豹、路虎、宾利，曾经锋芒的 MG、英伦，以及多次获得世界顶级比赛第一名的跑车迈凯伦。此外还有石油巨无霸 BP，英国锰铜公司，奢侈品品牌 Burberry，制药业葛兰素史克、阿斯利康等，都是原创于英国。

如果说陈景润摘取的是数学上的明珠，那么英国，摘取的绝对是工业方面的明珠！一个重要原因就是，英国的原创能力很强，仅次于美国。诺贝尔奖获得者人数，美国第一，英国次之。工业方面，英国的基础原创发明专利与美国长期占据头两把交椅。

### 二、小而精的各行各业皇家品质

在许多英国小行当中，同样可以寻觅到皇家品质气息：拥有苏格兰特别水质及非常严格酿造工艺的被誉为“液体黄金”的威士忌，贵族享受的英式红茶，复杂而非常华丽的英国各种银器，百分百手工制作的泰迪熊，彰显绅士风范的皮革制品等。

## 第二节　法国：法式奢华

在工业制造能力和质量管理方面，法国在西方国家里是数一数二的，特别是法国和德国引领的欧盟更是各方面质量管理的典范。也许法国制造落后美、德、日等国，但法国的质量监控却是世界的引领者，如欧盟食品、RoHS、REACH 等质量安全要求总是站在全球最高端制定规则和执行改进。

法国的核电站、航天航空、TGV 高铁、雪铁龙、标致、雷诺、通信方面的阿尔斯通和阿尔卡特朗讯以及埃尔夫石油化工等企业享誉世界，同时以高质量、高科技著称。

## 一、我有的是时间来创作一款香水

但是，对于表面慵懒的法国人来说，质量更多的是体现在另外一个方面：奢华与时尚、品位与创意。

时尚是最好的外观质量，法国服饰、化妆品、珠宝首饰等集奢华与时尚于一体，艺术与质量并重，引领世界潮流的同时，不断地推陈出新，令世人惊叹折服。

法国有许多著名的时尚品牌，如花宫娜、伊夫圣罗兰、巴黎世家、路易·威登、爱马仕、摩根、纪梵希、兰蔻、大卫杜夫、香奈儿、欧莱雅、梦特娇、宝诗龙等都是质量顶级、奢华时尚的代名词。

法国人认为，奢侈品是一门科学，完整全面、包罗万象，集品位、优雅、高质、完美无瑕于一体，即便是最小最微的地方都要经得起反复的检验。巴黎高等商务部监事会主席，曾任十多年爱马仕集团 CEO 的克里斯蒂安·布朗卡特说，“中国会是客户，但它也会是竞争者”，“中国模式会一直令我们害怕，也会一直给我们以激励”。但他也非常自豪地强调，在一个领域，中国永远取代不了法国，那就是奢侈品，因为“奢侈，是一种法国的价值观”。法式奢侈品，如花宫娜香水就是一个典型。它不需要到处推销自己的产品，也不需要做广告，这种骨灰级的香水，有自己百年历史、文化、艺术、创新的沉淀，一切都体现在一家小小的花宫娜的博物馆里面。若客人来到这里，你会感觉到那种世界顶级的不一样的氛围，你会感觉到携带它的产品回到自己的家里是一种荣耀，而这种荣耀不是金钱可以买来的。

“法式奢侈是对一种存在方式、一种地理特征、一种哲学传统以及一种历史渊源的表达……”有这么一句话，真正的奢侈品，与俗气的金钱背道而驰，它需要的是时间，只有时间才能创造出独特的品质，这才是真正的奢侈品。

爱马仕的调香师让—克劳德·艾雷纳，当知道记者是中国人时，提到自己的工作成就，很幽默地说了一句真谛，“我有的是时间来创作一款香水”。

仔细品味一下这句话，我们好像什么都不缺，唯独缺时间，我们的时间就是金钱啊，而质量需要的就是时间！

### 二、举重若轻

在法国奥朗日空军基地成立80周年那天，法国人向公众开放各种战斗机和军队的武器，大家都可以像逛游乐场一样随意参观。而驾驶飞机本来是件极严肃认真的事情，但是在空军基地旁边的一家飞行俱乐部声称，学开飞机跟学开汽车差不多，只是费用稍微贵一点。一些做特技飞行表演的空军飞行员就是这家俱乐部培养出来的。

在平时，法国相当重视把复杂的技术问题和质量状况提前解决好，这样一到需要的时候能把最艰难、最耗时的工作轻松完成，英国、俄罗斯的航空都有这方面优势。

法国的核电设备、石油和石油加工技术世界第二；航空和宇航工业略逊美俄，居世界第三位；高铁技术世界领先；钢铁、纺织业居世界第六位。法国还是全球最大的葡萄酒生产国和消费国，波尔多、朗格多克、勃艮第等产区的葡萄酒世界闻名。法国的首都巴黎则是世界奢侈品和时尚潮流中心，代表着最好的品质和最高的价值。

## 第三节　德国：永久使用

“凡是我们生产的产品都是可以永久使用的，不会坏！”永久使用，谈何容易！但英特诺滚筒输送机全球产品经理Christian Hagmaier的表述不是吹嘘，而是代表了德国人普遍的质量意识。

德国生产的一把普通厨房刀，用于砍骨头一年，刀刃一点都不卷、缺，为什么？不仅是用了手术刀用钢（316钢号），而且还有极先进的热处理工艺和严格控制的生产过程。德国刀有许多技术和质量的历史沉淀。

如果从产品的可靠、安全、舒适、经久耐用、用料考究、精美优良等方面来看，德国产品无疑是世界顶级的，当然，和英国比少了些皇家的气派，和法国、意大利比又少了些奢华、时尚。

德国的奔驰、大众、宝马、西门子、大陆集团、博世等工业巨头在各自的领域分别代表了世界最尖端的技术、最可靠的品质。

德国制造是世界公认的高品质代名词。在全球机械制造业的31个部门分类中，27个由德国占据领先地位。德国制造业在GDP中的占比高达20%以上（相比法国几乎翻倍）。德国拥有大批高素质的“强国工匠”，工业4.0体系成熟完备，绝大多数工业、农业都实现了自动化、智能化，还建立了一整套质量法规及保障体系，尤其是德国认可委员会（DAkkS）、德国安全认证技术中心ZLS、德国技术监督协会TÜV等第三方权威机构的质量管理和认证。

有的人大谈德国人严谨，流程化、自动化程度高时，往往忽略了德国人普遍的质量意识：永久使用。质量是唯一的生存之道。德国人连煮个意大利面都习惯用面条称量器。别小看“永久使用”这简简单单的四个字，要做得到，还真是非常困难。永久使用，不仅需要具备各种外部条件优势，更需要严谨的态度，经过千锤百炼。

例如德国RIMOWA行李箱，非常昂贵，主要特点是既坚固耐用又非常轻巧。许多去过欧洲旅行的中国人，即便是自己随身带着漂亮的行李箱，依然无法抵御它的诱惑，不惜花重金购买。RIMOWA行李箱有什么特别呢？那就是终生保修，只要搞坏了，都可以换一个新的给你。这个诞生于德国科隆的MORSZECK家族品牌历史悠久，三代人不断创新，维系产品的高品质、高品位及坚固耐用，每一个行李箱出厂都必须经过90多道工序。一个行李箱差不多200个配件，全部由经验丰富的工匠手工制作，即便是供不应求也依然坚持。RIMOWA的设计理念和品质风格，引领世界旅行文化和奢华享受一百多年，如同瑞士的钟表业一样历史悠久，享誉世界的每个角落，传承高品质经典。

在2021年德国著名的经济周刊对国内的“隐形冠军”做了评比，位于德国纽伦堡地区，著名的温控箱体厂家Memmert（美墨尔特）被评选为500名隐形冠军之一。Memmert成立于1933年，近90年来，始终致力于精确温控箱体的研发和生产，拥有悠久的半导体控温技术应用历史及丰富经验，是全球仅有的全系列半导体技术箱体制造商。其温度设置精度可以达0.1K（K是开尔文，为热力学温标或称绝对温标，是国际单位制中的温度单位），湿度设置精度可达0.1%～0.5% rh，并带有非常丰富的选件配置。其主推的恒温恒湿箱，兼顾传统制冷及绿色技术半导体加热制冷，半导体稳定性试验箱涵盖从 55L 到 2 200L 多种型号，适应于不同条件及领域的稳定性测试，可以完美应对数据可靠性等相关数据管理技术要求，满足 FDA、ICH 及 GXP 等相关规范的要求，是生物制药行业的必备产品之一。

也许很少有人注意到，德国制造质量控制之严谨及市场推广之成功，最为关键的除了德国人自身的质量意识和努力外，还有一个非常重要支撑的方面，即政府强力正确的介入。

一是宏观政策支持和调控，如及时调整产业结构，促进增长的可持续性；政府发布了“能源转向战略”“高科技战略”等，为企业的发展指明正确的方向。

二是国家创新系统，是指德国公共部门和私营企业提出、更新和扩展新技术的活动以及支撑这些活动相互配合的制度和网络。分工明确：公共部门（大学与公立研究机构）主要从事基础研究，企业从事应用研究。中间则有像弗劳恩霍夫协会、德国工业研究协会联盟等起桥梁作用，令新的科技成果快速转化，为产学研合作研究提供重要支撑的公共平台。

德国机械设备制造业联合会前主席赖因霍尔德·费斯特格认为应该实行“质量瘦身”，他说：“德国制造商不应都往技术的金字塔尖上挤，那里的市场太小了，如果我们只关注高科技产品，就是走进了死胡同。”这种灵活不可避免地带来了品质的妥协，长期形成的质量意识让德国广大工程师、工匠、技术员不赞同他的说法，在他们眼里，质量是绝对不可能妥协的，更不能为了扩大市场而牺牲质量，要想精益求精、经久耐用，成本代价是必需的。这已经是深入全体德国人骨髓里的质量意识，怎么可能因为一两位人士的言论而改变呢？事实上，日本人一直以来就用那位联合会前主席的“狡猾迎合”“巧妙满足”的质量意识来赢得和德国的品质竞争的胜利，但是现在几十年过去了，世界都很清楚，结果也很明显。

这种国家级的声誉是任何东西都不可代替的，也是难以击败的，除非自己。德国人的质量管理哲学很实用：国家调控支持，社会协调保障，企业稳健服务，工匠严谨精湛，荣誉永不妥协。

## 第四节　意大利：艺术之都、设计之都

许多人以为意大利人天生就是自由散漫，对待工作很懒怠，热情奔放，热爱生活，不似英国人那么高傲正经，也不似德国人那么机械死板，更没有法国人那种自视清高，所以意大利制造产业容易给人一种不怎么样的假象。其实，意大利至今仍然是欧洲数一数二的制造业强国，实体经济非常发达，能和它叫板的也只有德国了。但对于产品质量设计艺术美学而言，意大利人如果谦逊地不承认自己是世界第一，估计没有哪个国家敢说超过意大利。

早在20世纪七八十年代，“意大利制造”就代表了世界级的设计、时尚、潮流、奢华，意大利制造已经不是一般的品质好，而是无与伦比。意大利产品是由著名的具有悠久历史的家族企业或者是大公司设计制造，质量优异、专业化程度高，艺术品位引领全球。

意大利人天生就是艺术家、科学家和工程师的混合体，不要忘记，伟大的达·芬奇，集画家、科学家、艺术家、发明家、工程师等身份于一身，被公认为人类历史上绝无仅有的全才。

意大利不是汽车的发明国，却真正理解并实现了汽车内涵和精髓，是把汽车赋以灵魂的汽车强国。意大利著名的汽车品牌有法拉利、兰博基尼、玛莎拉蒂、布加迪（现被德国大众兼并）、Ermini 等。曾经有这样一个真实的故事，可以说是一个引起欧美汽车大战的故事。当年，恩佐法拉利由于客观原因，也是迫于各方压力，不得不计划法拉利整体被福特收购，但在谈判过程中，恩佐法拉利重新意识到美国人只会赚钱的思想无法与之合拍，“他们根本不懂汽车”，坚决否定了财大气粗的福特老板，克服了一切困难，把世界上最著名的跑车品牌法拉利保持至今，并在世界汽车行业中主导一方天下。

在尖端制造业方面，意大利机器人产业起步虽然较晚，规模也较小，但其产品设计绝对是大师级的，加上实用性强，功能显著，毫不逊色其他国家。

意大利人善于设计和创新，表现在奢侈品方面，就是意大利产品代表了世界最优秀的质量、最高科技含量、最具艺术的审美，远超法国、

英国、美国、德国。

意大利一位顶级设计大师认为："设计工作总是令人兴奋和惊奇。创造新事物，以某种方式改变使用者的生活，也给我们带来快乐和满足。我们的主要责任在于满足产品使用者的需求，而我们最雄心勃勃的挑战是在于将设计理念最终转变为满足客户所有需求的实际产品。"另一位意大利大师则强调："企业家必须知道如何先于他人预测趋势，理解或尝试理解生活方式和消费的新现象。"

这些思想和观点，实际上赋予了质量全新的含义。在这方面，众多意大利大师已经用大量的产品表明这样的质量管理哲学在意大利已然非常成熟，而在号称世界第一强的美利坚，似乎只有当年的苹果CEO乔布斯还有点意大利大师的风范。

意大利的能工巧匠可以说是世界上其他国家的能工巧匠无法相比的，无论是产品数量还是质量，无论是专业还是艺术。去威尼斯旅游，会发现一种长条形独木舟——冈朵拉，不仅仅显示了完美的独木舟质量，还有意大利人高超的驾驭独木舟的能力。意大利的玻璃生产，属于小作坊作业，工匠一只手掌控高温，另一只手拨拉出各种各样的形状。在一些大商场，也会看到一些姑娘现场为客人量身定制各种精美、舒适的手工鞋子。

意大利人将质量管理应用于高科技行业。首先是与人类健康有关的生物技术、医疗器械行业。意大利的生物技术产品近些年约占世界市场总产值的5%，制药是意大利重要的高技术领域，约200多家企业，其中160多家是小型企业。据2021年的驻意大利经商参处相关资料显示，目前在世界上的418种新药中，意大利生物技术企业研发的有77种（约占18.4%），有35种处于临床前研究阶段，42种已经进入临床试验阶段。

作为世界第八大、欧洲第四大经济体的意大利，在多个领域都掌控着世界领先的技术，并且中小企业众多，有着"中小企业王国"之称。这从侧面反映先进质量意识在意大利的普及程度，须知，这些意大利中小企业，都是全球各行各业中的佼佼者。比如，一提到航空发动机，一般人只想到美国的通用、普惠，英国的罗罗，不知道同样掌握着航空发动机设计制造核心技术的意大利阿维奥股份有限公司是世界几大公司的合作伙伴，意大利在航空领域有其独到的技术与产品，如直升机传动系统及旋翼装置、ATR 支线客机等。而阿古斯塔—韦斯特兰公司则拥有直升机传动系统和旋翼装置的全球领先技术，也拥有碳纤维等复合材料多项关键技术及质量保证体系，在海上救护、近海平台作业、军警用机方面占据很高市场份额，并有良好的声誉，为世界领先的直升机制造商，是该行业的杰出代表。

意大利人还非常热爱生活，生活的质量体现在方方面面。意大利人生活中有“三宝”，一是咖啡，二是冰激凌，三是巧克力。意大利的咖啡，用一位中国国际旅行社的资深导游的话来说就是，喝了意大利的咖啡，某巴克就是垃圾。可千万别说是诋毁这个美国著名品牌，但是喝了经过意大利人调制的咖啡之后的确是有点绕梁三日不知肉味的感觉。

意大利的 DOMORI 被公认为是世界上最好吃的巧克力，在它面前，歌帝梵也自愧不如。DOMORI 拥有多个世界第一头衔，如世界上第一个巧克力新鲜程度、香味、质感等鉴赏规则的制定者，世界上第一家可以加工十多种单源高品质可可豆的巧克力作坊，世界上第一家出品百分之百纯黑可可巧克力的作坊。它的生产工艺首先是没有添加任何调味剂或防腐剂，只有可可块和蔗糖这种非常精简的配方；然后是在 120 摄氏度的温度下烘烤可可豆，最大程度保留可可风味；新型球磨机把可可颗粒精度由 20～30 微米下降至 10 微米以下，质地更加柔软细腻，口感一流。巧克力品种包括马达加斯加桑比拉诺可可（淡淡的清新水果味）、哥伦比亚特羽纳可可（加入腰果及蜂蜜后，甜而不腻），以及秘鲁阿普里马克可可（带有花草、焦糖和奶油，微酸口感）。

此外被称为“意大利巧克力新贵”的 Amedei，香气细腻独特，价格昂贵，但品质绝佳。生产全球最贵的 Porcelana 巧克力，为了保证上佳的口感和品质，年产 20 000 包，每一包都有可以追溯的编号。

还有被当地人称为“最完美”的榛果巧克力的 Guido Gobino；有 140 多年历史、坚持传统品质的 Venchi，独创传统鱼子酱黑巧克力，追求完美的新鲜美味和健康品质；以及象征着至高无上的皇权，成立于 1860 年的 Pernigotti 巧克力；当然还有在中国热销的味道尤为符合中国人口味的 Ferrero 巧克力等。

意大利能工巧匠古老的传承在今天熠熠生辉，世界因为有他们的存在和艺术创造而非同一般。

# 第五节　北欧四国

北欧四国可谓是世界公认的最具幸福感的国家，高福利高品质的生活同时让人们拥有区别其他国家为生存为利益而进行的质量管理和改进，他们的质量哲学更多强调为他人服务，包括社会公益、环境保护、人身安全、美的追求、人与自然的和谐等更高层次。

北欧四国经济高度发达，既是高度工业化、信息化的地区，又是清廉程度最高、幸福指数最高的地区。

## 一、芬兰

芬兰有世界最大的移动通信网络设备供应集团诺基亚，虽然诺基亚手机退出一线，但从传统质量意义来说，诺基亚手机的品质无疑是最好的，通信质量极佳，拿在手里既舒服又抗摔，就算不小心放进洗衣机里洗过吹干还能用，难怪曾经统治世界十数年之久。芬欧汇川集团，世界第三大纸和纸制品供应商，其生产的 UPM 纸（芬兰芬欧汇川纸）品质极佳，常被用作国际贸易价格参考指标。

芬兰的经济支柱就是以木材、金属、电子通信为主的制造业，芬兰的森林工业、船舶制造、能源环保、化学工业、金属工业等技术和品质世界首屈一指。芬兰尤其注重可持续发展质量意识和环境保护，即便是在国外设厂，芬兰人也高度严格要求符合环境理念，如芬欧汇川在江苏常熟的纸业有限公司早在 2005 年就被当时的环保总局授予最高殊荣——“国家环境友好企业”。

全球邮轮四分之一以上产自芬兰，芬兰设计制造的破冰船世界领先，全球十艘破冰船中就有一艘产自芬兰。奥措号破冰船性能优异，压缩机能在水下以每秒 10000 l/s 的速度排出空气。破冰船对厚 1 米左右的冰层丝毫不惧，以 6 节速度破冰行驶，常能把被冰层困住的货船解救出来，保证博尼亚湾航道即使是在寒冷的冬天也能畅通。芬兰的造船业技术超一流，世界最大最豪华的邮轮及美俄南极考察船多为芬兰设计制造；超过 10 万匹马力、世界最大马力的船用发动机是芬兰的瓦锡兰公司设计制造的。

芬兰政府管理质量非常高，政府公务员在全球是出了名的高效且清廉，历年在全球的清廉指数中都名列前茅，国民生活品质远高于欧盟平均水平。芬兰拥有世界顶级教育质量：全世界专业化程度最好的师资、最具实证最具特色的理论研究、完全以学生健康成长为中心的教育体系。芬兰全民教育质量非常高，没有全世界的通病：应试教育。在芬兰，基本上是通过每天对学生进行观察、小测验等方式方法来评估学生即时的学习成果。而通过这些评估的芬兰学生，在世界其他国家的学习和考试中也毫不逊色。

芬兰人均GDP早就突破了50 000美元，医疗、教育、社会福利等各方面非常发达，加上自然环境优美，居民幸福指数长期居世界第一。

## 二、瑞典

瑞典人对质量的要求，普遍到了近乎苛刻的程度。这种苛刻，和日本人的态度或者意识是截然不同的。据说，有这样一件引起全国轩然大波的“小事”。

瑞典一位年轻人在一个餐馆刚找到了一份洗碗的工作，以件计酬。一开始年轻人还是不辞辛苦地把所有的碗，严格按流程用最快的速度冲洗干净，但是效果不佳。年轻人动了个小念头，我何必那么笨，非要按他们要求的一道道工序来？反正老板不知道，客人也不知道。但是没过多久，餐馆在一次官方检查中被发现卫生问题，年轻人立马被辞退了。老板还把他的事情告诉同行，整整一年，年轻人都找不到工作。直到他在全国登报道歉公告才有了转机。

就是瑞典人这种对待质量的态度，才能使瑞典成为质量强国。

瑞典著名品牌有柯尼塞格、沃尔沃、斯堪尼亚、萨博、爱立信、伊莱克斯、宜家等，质量相当过硬。著名的有关安全的发明有：安全火柴、高压直流输电技术、护理残疾人的机器人、活动扳手、抗赌瘾技术、拉链、蓝牙、后向式儿童安全座椅、三点式安全带、黄色炸药、智能头盔等。

瑞典人的质量哲学首先是安全，从政府到民间都非常注重环境保护。节能和可回收再利用的、涉及人身安全的产品备受青睐。其次，瑞典比一般国家领先的质量意识就是，专注于为客户打造满意的产品，设计新颖高雅，制作简约精良，质量一流，通过使用虚拟技术、人机交互技术、信息技术，以及注重制造业机器自动化，使产品的灵活性、实用性以及服务创新性大为增强，在世界上瑞典产品的质量和品位独树一帜。

如瑞典汽车集团沃尔沃拥有安全带、安全气囊、全球首创的交叉路口自动刹车技术等多项发明，沃尔沃汽车无论是在质量方面还是在安全方面都是世界领先的。

瑞典的公路同样体现了世界级管理，路上很少见到交警，但秩序井然，除了地上的闭路电视，还有空中的直升机时刻进行着动态监控。更重要的是，许多关乎安全的细节体现了一流的公共交通质量监控水平，如为白天的车灯和信号灯设置高度与个数；在高速公路上车速限制为110 公里每小时，到学校、医院门口则限制为 20 公里每小时等。

## 三、丹麦

2014 年 7 月 4 日在瑞典，一头丹麦进口的猪出名了，全国各大超市收到瑞典食品监管局的通知，将丹麦肉联集团生产的 11.5 吨猪里脊肉全部下架，原因是在这头猪的尿液中检测出有 20 世纪 80 年代即禁用的致癌激素物质已烯雌酚残留。

丹麦政府经调查公开声明，此已烯雌酚问题猪是个案，没有发现第二例。丹麦猪肉生产及其他食品、农副产品有着世界上最先进、最严格的食品安全保障体制和安全监管体系。丹麦总人口只有 550 多万，不足中国杭州市的人口，但每年向全世界供应了 3 000 万头生猪，猪肉出口到德国、波兰，甚至远销中国等世界 140 多个国家和地区。

北欧乳业同样发达，阿尔乐集团（Arla Foods）在 2000 年 4 月由丹麦 MD Foods 和瑞典 ARLA 两家乳品企业合并而成，在 2012 年进军中国市场，与中粮集团旗下的蒙牛合作建立了爱氏晨曦乳业公司。阿尔乐是有一百多年历史的大型乳制品生产集团，控制着丹麦 90% 以上、瑞典 70% 以上的奶源，在德国也有 600 多家奶牛牧场，年营业收入近百亿美元，其遵照着比欧盟标准严格得多的独创的“阿拉花园”（Arla Garden）质量管理体系，从牧场到餐桌每个链条、每个环节都严格监控，执行最严格的检验检疫标准。

“阿拉花园”质量管理体系长达60多页，包括了奶牛牲舍建设、饲料选择、挤奶时间、牧场环境、牛奶储存与运输等牧场管理的各环节，涉及每一环节的质量管控指标和细节，公司对原奶微生物数、抗生素等各种品质要求定期检验。而公司旗下所有牧场都必须严格遵照这些标准进行质量管理与经营发展，如果有不符合情形将被降价或处罚，对于情况特别严重的，阿尔乐集团将不再接纳。

“阿拉花园”质量管理体系实际有三个层次，第一是必须符合当地的法律法规要求，满足了这个层次以红色标记。第二是必须符合行业要求，这一层次从技术上来说，比法律要求更高更严，这是牧场加盟必备前提，以蓝色标记。最后一个层次则是公司的推荐标准，要求更高更严，但不强制，以绿色标记，这些主要是针对丹麦本土300家有机牧场。

北欧质量管理哲学强调自然、环保，如丹麦监管当局不仅严禁使用催生剂、激素等刺激生猪成长，还要求企业必须增强生猪对饲料中氮和磷的吸收，减少污染物质。

丹麦数字经济与社会指数在欧盟中排名第三，连通性第一，4G和NGA的覆盖率100%，而且通信质量非常高。

## 四、挪威

挪威是一个小国，但挪威绝对是全球质量界的强国，在各种相关产业方面，挪威都是质量的佼佼者和领导者。比如挪威的造船业，相当发达，除了能够为世界各国各地区船队提供各种零部件及优质服务外，尤其擅长建造各类特殊用途的船只。挪威造船业位列世界前四强。

挪威的特隆赫姆（ORKEL）公司，已经传承五代了，专门生产裹包缠膜机，由70多年前的小作坊发展到世界品牌，目前生产的设备已经出口到欧洲、中国等国家或地区。

MP2000－X压实机具有最先进的液压系统、最先进的创新触摸屏控制系统，不仅性能优异出色，能包装饲用玉米、草料、谷物、肥料等，而且操作调试更灵活，工作效率更高。

特隆赫姆公司从创始人Johan Gjønnes开始，至今一直没有改变的依然是对优质、创新和完美的工艺永远不懈的追求。

挪威的滑雪产业、矿业、防寒服装业、家具业都很出色，拥有大量的专利技术和过硬的制造水平，在世界的相关领域中口碑极好。

## 第六节 西班牙与葡萄牙：始终坚持创新

作为传统工业强国的西班牙与葡萄牙，曾经都是海上霸王，从那个时候起创新就一直伴随着这两个国家，以创新为主的质量管理方式是这两个国家的主要思想。

西班牙人有许多改变世界的发明，如世界上第一艘电力驱动潜水艇、计算器、多线架空索道系统（缆车）、1935 年设计的第一套太空服、电子书、吉他、拖把、一次性注射器、旋翼机等。

也许由于当年作为海上第一霸主，却有被击败的耻辱，西班牙人发奋于航空航天业，许多技术处于世界领先地位。西班牙有欧洲太空天文中心、马深空通信综合体（MDSCC）、波音公司马德里欧洲研究技术中心等，其空域管理、安全、无人机系统（UAS）在当今世界数一数二，例如西班牙对空中航行进行控制的管理系统——ATM，全球每 5 个航班中就有 3 个在使用。

西班牙是全球极少几个能掌握飞机设计和制造全过程的国家，包括开发、设计、装配、制造、维修、认证，拥有七大集群，436 家航空航天工业公司，679 个生产中心，汇集了航空航天业的大型基础设施、研究生产中心、科技园，人才济济，是空客主要创始方，也是欧洲航空航天领域的领导者。西班牙在碳纤维复合材料设计和大曲率面板制造、CASA 运输机发动机制造、空管系统、飞行模拟器的制造和维修、飞行和地面设备的鉴定，还有卫星系统的开发和运营等方面处于世界领先地位。

早在 1989 年，西班牙 SENER 集团就由于要为台风战斗机设计生产 EJ 200 发动机，和罗尔斯·罗伊斯公司合作成立 ITP Aero。结果仅过了 15 年，ITP 就成长为世界上最大的航空发动机低压涡轮机制造商，专注于发动机设计、制造和维修。

西班牙 Mtorres 公司，虽然只有几百名员工，但重视在多个技术领域创新，业务领域涉及航空、造纸、风电等。如其创新制造的复材铺丝机、蒙皮镜像铣、智能生产线等设备深受世界各大主要航空公司的欢迎，中国也是其客户之一。专门为巴航工业、西科斯基飞机公司、波音公司提供专业零部件的阿努瓦公司也创新研发了飞机的碳纤维复材和钛材料部件。西班牙 ITP 公司将加入欧洲“未来空战系统”发动机开发团队 。

西班牙是欧盟第三大机床生产国，世界上最长的带锯床、铣床、电火花研磨机、包装机，以及世界最大的可抗地表压力的隧道挖掘机、高速分拣机，各种专业用来制作发电设备的磨床及吊塔都是西班牙生产的。美国市场50%以上的不锈钢无缝钢管也是出自西班牙。汽车制造业是西班牙的经济重要支柱，世界上许多大品牌汽车企业如奔驰、福特、大众、标致雪铁龙、雷诺、欧宝等都在西班牙设厂，2019 年西班牙全国汽车总产量超过 282 万辆，居欧盟第二位。

在制药机械领域，西班牙也有自己非常有特色的公司。全球三大冻干设备制造商之一 TELSTAR，总部位于西班牙巴塞罗那地区。全球只有 1 000 多名员工，但是在升华界面温度获取、介入成核等持续投入和创新技术上始终处于全球领先地位。

西班牙铁路系统极为先进，处于世界领先水平，高速铁路 3 千多公里，欧盟第一、世界第二。

此外，西班牙在纺织服装方面也在世界上占有重要的地位。ZARA 通过创新的服务质量和管理质量，超越时装界巨头 H&M、GAP，成为目前世界最大的时装集团。同时，西班牙的 MANGO、LOEWE、CARAMELO 、TINTORETTO 、MASSIMO DUTTI 等世界一流名牌，强调时尚意识，强调设计与品质，另外价格适中，在竞争惨烈的世界服装市场上独树一帜。

西班牙这种超前探索、勇于开拓的质量创新意识让其几百年来一直处于世界核心竞争圈，NATIXIS 投资银行确认西班牙工业附加值在欧洲已超过意大利和法国，接近于德国。

葡萄牙虽然目前制造业不强，但其生产的产品相当精致耐用，质量特别考究。葡萄牙 Porcel SA 品牌成立于 1987 年，专业制造精细瓷器，生产的咖啡杯尤其著名。Porcel SA 的每一种瓷器都是传统手工艺和现代技术创新的融合，选用法国进口的半透明、无孔的一流原材料制造，每一件产品按照最为严格的精度标准来设计、成型、模制，每个项目都必须以富于创新的角度来完成，每个细节都必须以最为谨慎的态度来审视。整个产品体现的是优雅、创意、高品质、坚固耐用。

葡萄牙还有着许多在欧洲本土很著名的品牌，比如有着一百多年历史的卫浴及香氛用品品牌 CLAUS PORTO，在全球范围内拥有 700 多家门店的 Parfois 品牌。葡萄牙的时装品牌 Sacoor Brothers，衣服设计讲究观赏性，用料上乘，每个细节都十分出色，质感高贵优雅。

葡萄牙旅游业非常发达，服务质量很高，产值占国民生产总值的一半以上。葡萄牙人有高质量的生活状态，葡萄牙的教育水平、卫生服务质量在欧洲也处于顶级水平。

## 第七节　比利时

比利时是世界上工业最发达的地区之一，19 世纪初就开始了工业革命。目前，钢铁、机械、纺织、制药等行业的质量管理在世界上也是很有名的。

### 一、勃朗宁手枪

提到比利时的产品质量不得不提的就是勃朗宁手枪，这把著名的手枪实质上代表了比利时的高品质。

勃朗宁手枪是比利时 FN 公司于 1897 年打造的一款世界知名的手枪。但许多人可能不知道勃朗宁是一位美国人。这里面有着这样一个故事：

比利时 FN 公司最早从事汽车的制造，后来进入枪支生产行业，以仿造毛瑟步枪为主业。由于公司有高超的生产技艺和严格的质量控制，其生产的枪不亚于毛瑟步枪，最后却因为在和毛瑟公司打官司时失利而损失惨重。比利时人终于认识到在生产和发展上，没有自己一流的设计师，没有专利的技术最终还是不行的。

这个时候有一位美国人，来自温彻斯特公司——美国当时最大的枪械生产商，巧妙地设计出一款自动滑膛枪 M1900，却得不到公司的重视，只好独自背起行囊去欧洲摆地摊展示自己的成果，结果和求贤若渴的FN公司一拍即合，开启了枪械制造的新纪元，这个人就是勃朗宁。

而在痛定思痛的时候，FN公司意识到只有不断创新才是质量长寿之道。从此，FN公司成功跻身世界顶级武器生产商的行列，而勃朗宁在1926年因过劳而永远倒在生产线上。

令人感慨的是，1981年，那个曾经是世界级武器巨头的温彻斯特公司倒下了，最终被FN公司旗下的勃朗宁公司收购。

伟大的设计与伟大的管理结合在一起，铸造出伟大的品质，这就是勃朗宁手枪长盛不衰的原因。

## 二、食品药品工艺

比利时有着世界上最细腻和最高雅的白啤，也有着丰富花色和众多口味的巧克力。比利时的食品品质优良，传统工艺技术一流。在1910年的布鲁塞尔世博会上，比利时巧克力就轰动世界。

比利时既是世界上最大的巧克力生产商，也是世界上最大的巧克力出口商；既拥有世界上最大的年产27万吨的巧克力工厂，也拥有世界上最多最好的约2 000家巧克力公司、商店，总出口超过40万吨巧克力，年营业额超过40亿欧元。

比利时的巧克力都有严格的纯度标准，为了保证可可豆的浓郁香醇，巧克力厂商通常直接使用液体，这就要求罐装车要有加热装置，增加了成本和时间。而这些仅是比利时巧克力高品质的第一步。最特别的是，比利时首创超级细研磨技术处理可可豆，这种独步全球的技术让可可豆粉的颗粒直径仅有20微米，保证了巧克力的丝滑口感。

比利时著名的巧克力由王室颁发奖章，并获各种世界大奖，如先进设备与精湛手工制作完美结合的吉利莲巧克力，注重新鲜度和不含防腐剂的leonidas巧克力。

Hoegaarden白啤同样闻名世界。自2000年于全球啤酒界最大的澳大利亚国际啤酒节中荣获最高荣誉后，更是在世界上获奖无数，代表着完美的品质与健康。

比利时的制药业同样世界闻名。以强调质量为主的葛兰素史克公司是公司所有行动的中心。只有质量才能赢得消费者的信任，只有信任才能迈向成功。公司有专门的质量管理系统，确保各地产品符合包括

GMP 相关法规的要求，对公司所有生产线、科室有审查制度，对各类产品的生产控制有严格要求。总裁安伟杰爵士认为："我们以患者为先原则为指导，而以患者为先意味着我们要坚持以质量为核心。"

## 第八节 瑞 士

欧洲在环境保护、食品安全性等方面可以说是全球领先，而瑞士则是欧洲领先，不管是在意识方面还是在执行方面。

瑞士的东西，好到什么程度？即便是瑞士奶牛吃的草，也是世界最佳的。有这样一个笑话，瑞士人把一年最好两个月的草留给自家奶牛，余下的由其他国家当宝贝争相来竞购。

到瑞士旅游，你会听到这样一个传言，瑞士的国民，是由不想做德国人的德国人、不想做法国人的法国人、不想做意大利人的意大利人等组成的。初听这句话有点别扭，但在这个国度生活过一阵子，会慢慢体会这句话的内涵。

瑞士好像没有什么土生土长的伟人。但伟大的爱因斯坦年轻的时候从德国跑到瑞士工作生活；伟大的法国哲学家、思想家、人类启蒙运动大师卢梭，伟大的意大利画家乔瓦尼·塞冈蒂尼（几乎世界上所有知名博物馆都收藏有其作品），还有把瑞士锡尔斯—玛丽亚称赞为"地球上最迷人的角落"的德国哲学家尼采，诺贝尔文学奖得主德国人赫尔曼·黑塞，德国的古典音乐大师、作曲家威廉·理查德·瓦格纳都曾在瑞士生活过；以及出生于英国、事业巅峰在美国却最后留在瑞士的卓别林，英国名诗人拜伦。瑞士一方面汇聚了各国精英，另一方面也融汇了自然、独特、理想、完美的环境氛围。

一提到瑞士，国人很快会想到著名的两种瑞士产品：瑞士手表和瑞士军刀。改革开放时期，许多人以拥有一块瑞士手表为荣，这手表可是比国人以前的三大件更值得吹嘘的自豪资本。

"锋利、结实、耐用"是某些国人对瑞士军刀品质的高度概括。首先是制造刀片的钢材，一些国内生产厂家认为是4140（瑞士钢材牌号）或 Cr2V3 不锈钢，铲刀为 45 号钢，生产厂家自认为找到了瑞士军刀高品质的根源。但实际上，高品质的铸造远没有这么简单，被授权生产瑞士军刀的两家企业之一的 Victorinox 公司公开透露：刀片是用来自德国和法国的防锈铬钼特殊钢——X55CrMo14 或 DIN 1.4110 制成，此后还需要经过 1 040℃ 热处理并需要在 160℃ 进行退火，平均硬度达到 56HRC，这样处理过的刀片具有高韧性和耐腐蚀性。硬度是一个最基本要素，为提高耐磨性，金属锯片及锉刀除了经过特殊表面硬化处理外，还要进行硬铬电镀，这样处理过后的金属锯片就可以对钢铁进行切削等加工了。

铆钉是用实心黄铜条制作的，功能隔片以前由镍银合金制成后来换成铝合金，即便是握柄，对材质也有相当高的要求，必须使用美国生产的赛璐珞，绝缘效果及强度均一流。

Victorinox 公司的厂房称得上是当今最先进、最现代化的厂房，各环节实现自动化，凝聚了最新科技的 CNC 车床，能够对整把刀具进行均匀热处理。

一把瑞士军刀，凝聚了 200 道以上的加工工序及手工工艺，而 Victorinox 公司中的“瑞士冠军”工序高达 450 多道。没有这样的高质量保障工艺，就没有正宗的瑞士军刀。

最令人无法置信的是，即使有着如此高度自动化、精密严谨的品质控制，每天可生产 10 万把以上的刀的 Victorinox 公司，最后的品质管理居然是由 60 多位年轻女孩来做。每把刀的每一项功能都逐一打开检查，平均每人每天检查近 2 000 把。为什么要这样做呢？因为刀的最终使用者是消费者，如果一把刀不易被人打开，肯定不是真正的瑞士军刀。Victorinox 公司卡尔·埃森纳对祖辈传承下来的这项事业有着特殊的使命感，他说：“这最后一关，是公司与使用者的沟通桥梁。”

Victorinox 公司拥有近千名员工，有许多是祖孙二三代都在该公司工作。同时公司也建有员工宿舍，大家和谐地工作、生活在一起，如同一个大家庭。卡尔·埃森纳尽最大可能维系这一点，他强调：“人和，能维持品质不变。”

“人和”，正是瑞士军刀品质经久不衰、永葆领先的根本原因。

即便瑞士军刀如此惊世傲人，卡尔·埃森纳仍然不满足：“我一直在想有没有更好的方法，使瑞士军刀的品质能更上一层楼，价钱更便宜。”

他们不在乎美日韩的全部自动化，他们需要把控好与人交流的质量！

在精密仪器制造领域，“瑞士制造”更是卓越品质与工艺的代名词。精密仪器制造商梅特勒托利多（METTLER TOLEDO）公司，生产着世界上精度最高的电子天平——精确到千万分之一克，即 0.1 微克。这是什么概念呢？1 厘米长的头发丝的重量是 0.1 毫克，是这台天平精度的 1 000 倍；一枚指纹的重量是 0.01 毫克，是这台天平精度的 100 倍。

在瑞士苏黎世联邦理工学院有一个广为流传的故事，2016 年日本福岛县发生了里氏 7.3 级地震，该学院的梅特勒托利多天平监测到了震感，这可是远在 1 万公里以外的瑞士啊！

在法国国际计量局（BIPM）存放着全世界最高等级的砝码——一颗 1 公斤的铂铱合金砝码。它是全世界所有质量单位的根据，每隔 5 年，这颗砝码都会在严密的安全措施保障下，从有着严格温湿度控制要求的保密室中取出，用梅特勒托利多天平，与各个国家的标准砝码进行比较测量，然后从这里把精确到千万分之一克的质量传递到各个国家的计量实验室，确保了全世界质量标准的统一。

瑞士手表的品质，在质量管控方面更是出类拔萃。有着 17 年丰富技艺经验的独立制表人大卫·坎多士（David Candaux），花了整整一年时间，手工打造了 8 块腕表，光是表盘的玻璃就花了 200 多个小时，防震设计则经过不下 12 000 次试验机的测试。瑞士钟表匠不相信机械化生产，他们认为手工的加工精度更高、更加可靠，对表盘、指针、机芯等的精雕细琢，需要的只是时间和精力的保证。

瑞士宝爵的质量哲学的内涵就是激励全球女性拥有如宝石一样光彩的人生：“拥抱内在的美丽，享受生命每一刻。”瑞士钟表名城拉绍德封的导游克劳迪·比勒深刻理解瑞士品质的来源：“瑞士多山，历史上交通条件恶劣，工匠们要想生存，只能以优质取胜。凡事要做到最好就必须更加专注，更加耐心，更加注重细节。”

真正的瑞士手表，必然是技艺、自然、艺术、品质、灵魂的凝聚，工匠对手表的精雕细琢，既是不懈的追求，又是真正的兴趣。只有这种质量，才有资格藐视资本、傲视天下。

所以说，中国在由制造大国向制造业强国迈进的过程中，不要忘记了还要留下更多的制作时间，花费更多的创造精力，成为一个伟大的、无与伦比的制造精国。

## 第九节　荷　兰

有着欧洲花园美誉的荷兰，面积只有4万多平方公里，一直被公认为是世界强国。近四分之一的国土靠填海来获得的荷兰，耕地仅占全球的0.07%，农业对世界的贡献却是巨大的，仅次于美国。荷兰的农产品出口额高踞全球9%，是最大的洋葱和土豆出口国，也是第二大蔬菜出口国。全世界三分之一的蔬菜都产自荷兰，鲜花出口占全球70%的市场。园艺、蔬菜、乳产品名列世界前茅。

“荷兰只有22万农民，2015年却创造了820亿美元的农业出口额；中国有2.2亿农业劳动力，同期农业出口额却比荷兰少110亿美元，农产品贸易逆差达400多亿美元。”曾经是国家统计局的一位总经济师参观完荷兰农业后，十分感慨。那么，荷兰农业优质高产的原因是什么呢？

荷兰没有工业和重金属的污染，在农业领域普遍应用高新科技，在温湿度控制、品种选择、植株管理、嫁接技术、光照技术、无土栽培、水培技术、精准灌溉、品质施肥等环节实施自动化，农产品质优物美。

荷兰的质量管理哲学可谓是融汇了欧洲各发达国家之优点，讲究小而尖，不求大而全，立足于原创科技和高品质发展农业，非常强调环境质量和人文安全健康。控制尖端工业领域某一个必须发展端口，主导领先规则或标准，最典型的传统工业有石油，现代先进制造业有光刻机。虽然日本尼康和佳能也可以制造光刻机，但与能制造EUV的全球顶尖光刻机公司ASML相比，无论是实力还是规模都远远无法比拟。

荷兰人认为一个国家在基础科研方面的投入决定了这个国家的真正强大程度，而企业也类似，不仅是资金的投入，更重要的是一流人才的投入，而且专注在某个点某个行业不断深入。

自从飞利浦由于种种非质量原因退出全球制造业第一梯队后，荷兰企业家吸取教训做小而精、高科技高质量的项目。

世界第一大石油公司皇家壳牌及全球巨无霸、最大的日用消费品公司联合利华都是出自荷兰，代表着荷兰服务世界的顶级质量。即便是小小的荷美（VATOIL），也有着“最成功润滑油生产商”称号，专业生产全路况、全天候、全保护的双重油膜润滑油，全球销量超过亿升。荷美自从 2017 年进军中国市场以来，针对中国汽车业的发展状况和现实特点，坚持顶尖基础油北欧海底原油提炼，兼辅以欧洲最优秀的添加剂，不断完善其在中国的产品生产线、品质、服务。该公司在润滑油方面就拥有 800 种独特的配方，在全球打造如刹车制动液、引擎发动机油、齿轮油、液压油、防冻剂等超过 17 000 种的顶尖润滑油系列产品。

1871 年创立的荷兰皇家菲仕兰公司，是世界最大的合作乳制品公司，拥有荷兰近 80% 的牧场，生产全球 95% 的益生元，同时是全球主要乳糖、酪蛋白酸盐的供应商，以及全球微胶囊技术制造商。

在农业、医疗、光学、钟表、电子、石化、冶金、飞机制造、造船、印刷等领域，荷兰均处于全球独特的领先地位，品质之优异举世公认。

荷兰的强盛离不开对质量的重视，而对质量的重视又离不开科技的创新发达和优越的制度，最根本的土壤是良性的社会人文环境。

ASML 公司的 CEO 皮特·瓦希德感慨：“当初飞利浦样样都干，最后还是解体了，这证明大型企业巨人的时代已经不合时宜了。未来的主流该是企业、研究机构分工的开放式创新。”

抢占核心科技先机，荷兰质量管理哲学体现小而尖。这就是荷兰人的质量理念，荷兰人的实践和成就！

## 第十节　捷　克

捷克人口很少，不足 2 000 万，而国土面积更小，只有 7.8 万平方公里，不到广东省的一半。捷克以生产武器出名，“二战”初期德国就先占领这个小国，以保障其军工供应，捷克制造曾经是盟国的噩梦。

有 100 余年历史的捷克机床机械制造业在今天依然是世界一流水平，世界知名的本土机床品牌有道斯、玛斯、斯柯达、ZPS、斯美拉等，其品质之过硬、品种之齐全，令其金属切削机床和金属成型机床等产品在欧洲，甚至在世界上都占有不可或缺的地位。

虽然捷克不属于航空三大强国，但是莫托莱特生产的航空发动机 Walter M601 和 Walter M602 高居世界前列。捷克几乎能完整生产各种功能飞机，有大型运输机、战斗机、轰炸机、直升机，也有农业体育飞机、轻型或超轻型飞机、滑翔机、教练机等。L-39“信天翁”教练机出口 30 多个国家和地区，世界上近四分之一的超轻型飞机由捷克生产。

捷克的“维拉”无源雷达系统，质量可靠，甚至能发现美国当时最先进的 F-117 隐形攻击机。

捷克的斯柯达汽车品质之优秀更是有目共睹，斯柯达汽车做工精细，杜绝使用价格便宜的镉、石棉和氟利昂等有毒有害物质，注重材料的环保性，用户舒适性和安全性首屈一指。

## 第十一节　俄罗斯

不少人认为俄罗斯的制造不怎么样，虽然大家都知道苏联的制造实力传承给了俄罗斯，老一辈中国人也曾经以苏联制造的产品为荣，至今我们也认为俄罗斯的飞船航母、战略轰炸机等军事武器为世界顶级高技术的代表。俄罗斯的产品给国人的一个印象就是粗犷，虽然可靠性、耐用性高，但是用起来给人感觉人性化设计差些，使用起来不舒服，档次不高，没有日本的精致，没有美国的创造力，没有法国的时尚，和德国更不能相提并论。

俄罗斯一向重视重工业、军工业，整个工业体系结构和生产能力依然处于世界顶级地位，质量过硬。比如最近俄罗斯曝光的一款全球功率最强大的火箭发动机 RD-171MV，各部件异常严谨，有四个燃烧室，采用的是煤油液氧驱动方式，是全球最强的液体燃料发动机。但是俄罗斯之前长期忽略小工业制品，其小工业、轻工业的商品基本处于第三世界的水平，质量和发达国家无法比肩，近年才有了俄产的热成像仪器，以前长期用的是法国泰雷兹集团出厂的凯瑟琳-FC。

大型电子束焊接装置是生产图-160 战略轰炸机的必要工具，20 世纪 70 年代苏联就已经成功应用。但后来无力维护升级，直到 2015 年，耗资 7.1 亿卢布，喀山飞机制造厂才得以恢复这套设备的运行。

由于雄厚的工业基础和科技创新能力，随着经济的恢复，俄罗斯许多产品相较苏联时期有了质的飞跃，俄罗斯制造逐渐成为高品质、现代化、安全可靠的代名词。2018 年俄罗斯工业增加值达 0.53 万亿美元，世界排名第七，超过了西方工业强国英国、法国和意大利；俄罗斯制造业增加值也达到 0.2 万亿美元，与英国相当。到了 2019 年，俄罗斯工业增加值更进一步，全球排名第六。

莫斯科工业区是俄罗斯工业最发达的地区，主要工业有火箭、飞机、汽车、钢铁，电子工业也非常先进；圣彼得堡工业区则以石油化工、造纸造船、航空航天、食品、纺织工业为主，此外乌拉尔工业区的石油、钢铁、机械，新西伯利亚工业区的煤炭、石油、天然气、电力等，都不可轻视。

而俄罗斯的计算机行业发展非常迅速，软件行业与美国相比丝毫不落下风，俄罗斯的全球卫星导航系统——GLONASS，互联网搜索引擎巨头 Yandex、Mail. ru，反病毒软件卡巴斯基以及红客等都是世界水平引领者。

这些年俄罗斯的商品，尤其注重消费者日常生活需要，小麦粉、黑鱼子酱、巧克力、伏特加酒以及奶香味十足的冰激凌等多种食品倍受国内消费者喜爱。

俄罗斯在航天航空、舰艇、石油化工技术、核能核潜艇技术、建筑设计、工程制造、材料技术、无人机、电子通信、软件、艺术等多方面多行业仍然处于世界领先地位，在不久的将来，俄罗斯人一定会用自己的双手为人类奉献更多更美更好的产品。

## 第十二节　加拿大

加拿大注重基础科学、高科技产业、教育的发展，拥有多位诺贝尔奖得主以及核心专利技术。在 20 个关键科学技术领域中，加拿大有 16 个处于世界前二十名，另 4 个处于世界前五，除了先进的航空航天业、高科技产业、汽车制造业外，加拿大的服务业、金融业、教育业、医疗业、健身业、运动业、旅游业等都具有国际顶级质量，深受客户信赖和喜爱。

虽然加拿大的工业增加值不及印度，却是制造业大国，同时也是拥有许多先进技术的制造业强国。

加拿大虽然没有自己的汽车品牌，但是，美国三大品牌和日本的丰田、本田等著名品牌都在加拿大有自己的汽车工厂。2016 年，加拿大汽车生产数量超过了 200 万辆，93% 以上用于出口。

加拿大的航空工业 80% 的产品也是用于出口，航空制造业非常发达。加拿大的庞巴迪，在全球民用飞机制造商中排名第三位，仅次于美国波音公司和欧洲空中客车。各种支线飞机、商用直升机、各型号飞机引擎，以及飞行模拟器等居于世界领先地位。

加拿大航天业也很占优势，空间机械臂、地球观测仪器、各种太空科技，以及卫星通信等都是空间站必不可少的主要部件和技术。

高铁方面，表面上加拿大没有一公里线路，却是全球为数不多的可以制造高铁列车的国家，据消息称，加拿大和美国合作建造的“真空胶囊铁路”，时速将可达1 200 公里。

加拿大的人工智能更是属于世界顶尖水平，拥有 60 多个 AI 实验室，40 多个加速器、孵化器，苹果、英特尔等巨头纷纷在加拿大设立了研发中心，初步形成了世界人工智能中心。

加拿大的教育水平属于世界顶级水平，甚至可以说教育质量超过美国。根据经合组织（OECD）2017 年度调查报告，加拿大在全球教育品质排名中高居榜首。

加拿大在政府透明度、社会自由度、经济自由、生活质量、退休养老品质、幸福指数等方面都名列世界前茅，是社会最富裕、经济最发达的国家之一。

## 第十三节　澳大利亚

澳大利亚有世界著名的博思格钢铁公司，产品以高端为主，一吨优质钢铁的出口利润居然比中国一千吨粗钢还要多。

澳大利亚工业规模较小，甚至比欧洲一些小国还小。但小而精，主要集中在高技术领域，掌握着如飞机黑匣子、太阳能热水器、心脏起搏器、人工耳蜗、聚酯钞票、太阳能电池、人工降雨、采矿、纳米材料、农作物生长、生物科技等方面的核心技术。

早在 1987 年，澳大利亚科学家就发明了世界上首台纳米机器，用于身体检查，包括分析内脏污染成分。澳大利亚每年投入上亿澳元用于纳米技术的研发和应用，主要研究纳米微粒、纳米管、薄膜、纳米孔和纳米合成材料等科技，尤其注重应用于清洁能源、环境保护和卫生保健等领域。

目前人工心脏和起搏器存在两大难题，一个是容易发生机械故障，另一个更为令人不安，就是引起血栓。澳大利亚 Ventracor 公司的科学家开发了一种名为 VentrAssist 的起搏器，改变目前已有的起搏器的工作思路，不取代心脏，而是装在靠近心脏的位置，协助左心室搏动的同时，模拟其功能。

这种新起搏器的外壳是钛合金材料，里面有 6 个铜线圈，1 个叶轮，叶轮带磁核，靠患者腹部外一根线与充电电池相连从而产生磁场。整个起搏器只有传统起搏器的六分之一大小，直径仅 6 厘米，一根导管与左心室相连，另一根导管与主动脉相连，在磁场作用下叶轮旋转推动血液流动，避免形成血栓及脑中风。最关键的是，这种起搏器没有易损耗材料，几乎不存在使用期限，对人体红细胞破坏很小，质量可靠，性能优越，是澳大利亚科学家奉献给人类的又一质量杰作。2003 年 6 月，墨尔本阿尔弗雷德医院为 7 名垂危患者植入这种起搏器，其中一名患者生存超过了一年。

澳大利亚的矿产和石油天然气资源丰富，开采历史也悠久。与一般传统矿产资源开发的国家不同，澳大利亚注重采用科技创新改变开采与应用的质量。澳大利亚不仅在勘探技术、采矿设备和处理技术方面领先，如设计制造出世界上第一个自动化系统，能在钻孔核心位置对矿物进行测绘，而且大力开发和推广相关采矿软件，占据全球 60% 的市场。此外，世界上第一个综合双向矿上急救通信系统也是澳大利亚人创造的。

只有 2 400 万人口的澳大利亚，用勤劳和才智创造了世界一流品质的服务业和高端制造业。

## 第十四节　以色列

以色列虽然属于中等发达国家，但对于人类科技和管理发展的贡献不小。由于历史和客观原因，以色列相对全球大多数国家来说，土地贫瘠、资源短缺。加上严峻的政治生态环境，迫使以色列人只能走发展科技和质量道路。

只有800多万人口的以色列，却拥有十多位诺贝尔奖得主。由于一流的政策管理和技术管理质量，以色列科研成果转化能力非常强。以色列的纳斯达克上市公司超过80家，世界排名第三，仅次于美加两国。

以色列以知识密集型产业、高附加值产业为主，在农业、生态、机械电子、数控、军工、制药、航空、通信、软件、生物工程、医疗器械等诸多领域有着非常严格的体系管理和优秀品质，在高新技术方面驰名世界，特别是无人机和电子监控系统更是在全球竞争中出类拔萃。其中著名企业有国有企业以色列航空工业有限公司（IAI）、排名第一的仿制药企梯瓦制药（TEVA）、国防承包商Elbit、CheckPoint软件科技公司等。高科技产品有让搜索升级到3D的YOWZA、大数据分析实现了精准推送的IronSource分发平台、比谷歌AR眼镜更强的INFINITY、把2D的平面图变为可视化的3D图的RDV Systems、由以色列国防军前首席科学家创办的军事机器人General Robotics等。

严重缺水的以色列有着世界最先进的农业种植技术，科学灌溉，滴灌节水，5%的农民不仅养活了全国95%的人口，还可大量出口蔬菜、水果、棉花、花卉等农作物。在科技人员和农业从业人员的共同努力下，以色列许多曾经是沙漠的地方变成了优质种植场。

# 第二章　第二层次国家的质量管理哲学与实践

如果没法直观体会曾经的乌克兰质量，那么看看它的一代又一代儿女的外形与气质。

## 第一节　日　本

“二战”后，日本作为战败国，却能够励精图治，在经济上创造了世界第二的奇迹，在质量上也创造了世界独一无二的神话！

### 一、质量神话的泡沫

不少人认为日本人做一件事、一件产品喜欢做到极致，日本制造就好像是质量精致和不会坏的代名词。比如一部日本生产的汽车，在使用期限内及正常保养情况下，几乎十年不用修。许多日本生产的电器、日用品都有这个特点，特别是电子产品，比欧洲制造的更加精致耐用。最为优质的日本刀具，选用武生特制钢并经多次热处理打造，刀刃锋利无比，强度是大多数材质所不及，一点也不逊于德国刀，是历代日本工匠千锤百炼的结晶。

然而2017年发生的日本神户制钢事故直接导致船只在航行中沉没。日本舒适号集装箱船，是日本制造的世界三大船型，居然直接从中间断成两半，导致这场灾难的原因是质量问题。

英国的高铁列车，由日本人击败中国人竞得，但成车第一次出行，便出现车厢漏水的问题，最终导致大火。

日本人的工程质量神话还被芹苴大桥事故打回原形。在大桥施工阶段一座塔吊突然倒下，三段桥面先后坍塌，紧接而来的一个焊接用的燃料储气罐发生爆炸，管理的漏洞为巨大的损失埋下了隐患。在大桥坍塌前的三个月，工程师广田宽道就发现大桥的安全隐患问题，分力系数远低于安全标准，但他报告上去之后工程照旧进行，直到最后出事。

2006 年 2 月，浙江某公司从日本进口熔体出料大泵用于化纤生产线，但正常使用尚不足两年时间，突然卡死，损失较大。日方制造商拒不承认自身质量问题，认为是使用不当造成。金检实验室接到任务后，经过严谨分析，确定原材料中存在严重的冶金质量缺陷。后来日方制造商不得不更换赔偿，并对出口到我国另外 9 台同类设备进行召回更换，金检此举为国内企业挽回 190 万美元以上的损失。

## 二、日本汽车

1. 高田门

国人对于近些年发生的高田气囊事件往往无动于衷，迷信日本制造已经到了麻木不仁的地步，就好像它只是一起普通的汽车召回事件。但是，高田气囊事件，是绕不开避不开的安全事故，对于这个世界影响之大、波及之广的事件，有一个非常形象、贴切的比喻，就是汽车界的切尔诺贝利灾难、福岛核事故，从 2009—2019 年，该气囊导致至少 23 人不幸死亡，290 多人受伤。有问题的车辆超过 1.2 亿辆，是人类制造业、质量管理历史上永远抹不去的沉重一笔。

2009 年 5 月 16 日，美国 18 岁女孩埃希利帕海姆开车去接准备放学的弟弟，在学校停车场与另一辆汽车相撞，气囊弹出，不幸的是她被里面同时弹出的金属片割破颈动脉，因失血过多抢救无效。出事的汽车是一辆 2000 年款本田雅阁，气囊正好是高田公司的产品。同年圣诞节前夜，美国弗吉尼亚州，一辆 2001 年款雅阁与一辆油车相撞，气囊弹出，驾驶员因同样原因不幸身亡。

而实际上，在两起事故发生之前，本田因为高田气囊已在美国召回 4 000 多辆 2001 年款雅阁和思域汽车。而高田公司发现该隐患至少已有十年，直到 2014 年，美国国家交通安全管理局（NHTSA）督促高田公司召回 3 400 万辆相关汽车，造成的经济损失达 40 亿美元，拉开了大规模召回序幕。2018 年 2 月，澳洲启动最大一次召回，澳大利亚政府强制召回约 230 万辆安装了高田气囊的汽车。

在中国，因此召回的汽车包括奔驰、宝马、奥迪等 40 多个品牌超过 2 000 万辆汽车。

2021 年 1 月，高田气囊隐患仍在发酵，美国监管机构坚决拒绝了福特意图避免召回300万辆汽车的请求。

高田原本就是一家非汽车界纺织品家族企业（日本企业的非民主式管理，完全可导致质量缺陷的长期隐瞒和弄虚作假）。1985年在本田公司负责安全气囊项目的小林三郎向高田建议进军汽车行业。短短的二三十年时间，高田已成为世界上第二大汽车安全零部件制造商，几乎所有日系汽车品牌，丰田、本田、日产、斯巴鲁、马自达、三菱，还有德国奔驰、宝马、奥迪，美国福特、通用、克莱斯勒，韩国现代等都使用高田气囊。而以质量为第一生命准则的英系、北欧系汽车，以及意大利汽车，都不屑于用日本产品，这些企业有一个共同的原则：生命是无价的。

高田门教训之一：没有经过科学实践检验的产品都是有潜在缺陷的产品。在现实案例中，汽车会突然无故弹出高田气囊，产生的撞击力可以把2毫米厚的钢板扭曲，这无疑是一颗不定时炸弹。

高田门教训之二：不仅仅是高田公司的问题，各大汽车生产厂商，包括著名大厂商，奔驰、宝马等，因为追求价格优势忽视用户最根本的利益（生命、安全、健康），关键性产品使用一家没有质量沉淀、没有深厚业内基础的企业的产品，再大的经济代价也挽回不了因此失去的生命！

2. 燃油泵门

陷入著名的高田气囊门后，日本汽车巨头又陷入燃油泵门，目前已召回相关汽车479万辆。燃油泵缺陷的根源就是生产的叶轮质量不过关，不完善的成型条件导致树脂的密度不足，汽车行驶时叶轮可能变形，发动机也可能突然熄火，存在严重安全隐患。

3. 制动器门

中日合资广州某汽车企业递交给监管机构的报告坚持“汽车制动助力部分失效的情况，不属于安全缺陷”。即使曙光制动器被曝光存在质检数据伪造、篡改的情况，造假长达20年，但以“工匠精神”为傲的日方表示，目前无召回计划。

4. 控制系统门

日本本田汽车2021年宣布需要基于不同原因召回汽车，其中在美国就召回140万辆。本田需要召回26.8万辆于2002—2006年出厂的小型 SUV CR－V，更换电窗控制系统，目前有 16 宗火警报告。另外需要召回 73.5 万辆于 2018—2020 年出厂的中型房车 Accord，以及在 2019—2020 年出厂的混能车 Insight，更换车身控制软件。此外需要分两次在美国召回 43 万辆不同型号汽车维修用的前置手柄。

## 三、日本钢铁

日本企业近些年不断被披露出各种造假丑闻，最出名的可能是神户制钢所事件了。2017 年 10 月 8 日，神户制钢所公开承认以次充好，并且篡改了部分产品的技术数据，涉及丰田、三菱等 500 多家企业，包括汽车、飞机、新干线等产品，造假竟然长达几十年。半年后神户制钢所长川崎博公开向公众鞠躬道歉并辞去职务。

而另一造假事件的主角则是化工巨头东丽株式会社，对负责汽车轮胎业务的子公司的检测数据进行造假，更改质检报告，涉及 13 家企业，但东丽株式会社把责任推到个别工作人员身上。

令人吃惊的是，神户、三菱、东丽等大企业如此明目张胆造假，视国民安全如无物，但在中国仍有大量忠实粉丝，日本制造大旗还是牢牢占据在国人心中。

早在三峡工程建设时期，日本神户钢材就被湖北检验检疫局查出质量问题，后来日方面对科学严谨的数据不得不承认，赔偿中方的损失。此后，在广东口岸进口的日本汽车钢板也存在质量缺陷……

日本钢铁业，已经开拓了世界造假新市场，日本钢铁几乎已成为新型造假的代名词。

## 四、日本家电

2009 年 1 月，东芝液晶电视机屏幕出现竖线的现象在网上曝光，大家认为这是批次生产质量缺陷，要求厂家召回。但日本方面矢口否认，辩称是个别现象，公司不考虑大批量召回。

不到十天，东芝态度软化，承诺召回，原来网上已经群情激昂，国内第一次出现了非官方介入成功让日本企业妥协的案例。不能不说是由国内社会整体质量意识的提高导致。

如果国民能以此态度对待国内质量问题，绝不妥协，充分发挥网络优势，依法依规提高质量追踪社会监督力度，相信中国离质量强国会越来越近。

纵使收集了日本制造诸多问题，还是有人打心底认为日本制造总体质量还是可靠的，而且价格便宜，尤其在小家电、食品、药品等方面。最受推崇的两家日本制造业巨头——松下和索尼，一直以来是日本顶级质量的最佳代表。但无论是2003 年、2006 年、2010 年爆发的索尼1 000 多万块可能导致爆炸的笔记本电池门事件，索尼 CCD、LCD 事件，还是由于使用红磷阻燃剂存在潜在起火隐患的 36 万台松下电冰箱召回事件，以及松下 70 000 多台除湿机召回事件等，无一不是对广大消费者的致命伤害。

日本许多召回事件有两大特点，一是总裁不断向公众鞠躬道歉“给大家添了很大麻烦，非常抱歉”，二是中国市场不在召回之列。

日本人的质量管理哲学，几乎全部来源于美国，没有什么原创，所谓的精益生产，表面上是德国的严谨和精致，实质却是美国经济质量管理哲学的翻版，挂羊头卖狗肉而已。

## 第二节　韩　国

韩国的质量管理哲学是实用和品牌至上。

提到韩国质量，首先不能不提三星。虽然现代、起亚、LG 等企业也踏进世界五百强之列，但三星依然是韩国的代表。

特别是三星的屏幕，闻名全世界，但它的品控意识出现了日本人的狡猾，在保修期内不会出现烧屏现象，但之后就难说了。

不管质量如何，韩国几大行业品牌都是世界级的，没有一定的质量为基础是不可能在世界占得一席之地的。

韩国重视品牌建设，而品牌建设首先是意识上的改变，强调国家品牌，然后予以立法和政策的保障。韩国现代、起亚汽车如同当年福特汽车一样，在韩国境内完全凌驾于意大利汽车之上，但真正的质量差别就不是一个档次了；浦项制铁多次占据世界最具竞争力钢企的头把交椅；韩国的造船业也属于世界顶级行列，比如说当年号称亚洲第一的世宗大王号驱逐舰，不过2017 年韩国质量管理协会的一份报告描述该舰发生舰体开裂。

看来一些所谓的专业人士认为的意大利只有衣服、鞋、帽的质量比韩国强，无论是电子产品还是重钢铁船舶，韩国完全碾压意大利，这种观点恰恰和实际情况相反。

韩国人的质量强国意识很浓。韩国面积小，人口数量也不多，这就决定了韩国要走经济强国、科技强国、质量强国的道路。首先就是把韩国制造业提到世界顶级行列，三星是世界最大的科技巨头之一，现代和起亚也是世界先进的汽车制造公司，光是这三驾马车就代表了韩国在世界的顶级动力。

韩国在绝对经济数量上难与美国、中国、俄罗斯等大国匹敌，但在经济质量上要占据优势地位，要拥有话语权。韩国推出了国家品牌计划，打造世界一流的质量大品牌。爱立信是瑞典名片，瑞士则有钟表，诺基亚是芬兰代名词，韩国则缔造了三星帝国。品牌建设首先要有立法保证，韩国质量管理部门协助企业打造了众多世界级的大企业和国家大品牌如LG、浦项制铁、现代、起亚、韩华集团、SK 集团、乐天集团、衣恋、锦湖轮胎、好丽友、正宫庄等。

可惜的是，韩国崇尚品牌至上远远大于质量至上，甚至时不时出现重大质量事故，比如前一段时间闹得沸沸扬扬的建筑大厦倒塌、三星手机爆炸、19 批次化妆品上“黑榜”、现代召回等。

2021 年 12 月 21 日，北京现代公示，召回在 2021 年 3 月 23—31 日生产的100 辆进口帕里斯帝 3. 5L GLS 4WD 8AT（6 座、7 座）汽车。召回原因，“生产时混入的矿物系列油（发动机机油等）被制动总泵内杯密封圈吸收，导致制动总泵内杯密封圈膨胀，造成制动总泵压力降低，可能发生制动踏板变软及车辆制动效能降低的现象，从而增加车辆发生碰撞的风险，存在安全隐患”。

韩国的生产制造就如同一个暴发户，迅猛发展之余留下许多问题，但韩国人身上不服输的精神始终是质量提升的动力和希望。

## 第三节　土耳其

2016 年欧洲杯足球赛场上发生一件趣事，在法国队对瑞士队的比赛中，4 名瑞士队员的球衣被法国人撕裂。瑞士队球衣赞助商彪马集团承认是土耳其制造的原材料纱线受损造成的。事实上，欧美许多大品牌如 ZARA、Prada、Fendi 等都把一些时尚款服饰的生产线放在土耳其，阿迪达斯和耐克更是对土耳其分别增加 25% 和 30% 的订单。

据有关人士透露，世界许多著名服装品牌在不久的未来将会把在中国的大部分生产线转移到土耳其。业界普遍的观点认为土耳其有着先进的制造生产线，做工比中国更精细。土耳其的棉花、羊毛、人造纤维三大服装原材料产量居世界前列，同时也是世界最大的牛仔裤工厂，美丽的靛蓝色品相和非同凡响的染色技术令土耳其牛仔裤深受世界人民喜爱。中国商务部网站有数据表明，土耳其生产的鞋子同样品质上乘，在欧洲仅次于意大利和西班牙，尤其受到俄罗斯和中东等国的欢迎。土耳其商会及贸易交易所联合会主席说："土耳其的服装和时尚产业取得了巨大进步，土耳其正在成为像法国、意大利那样的世界时尚中心……鉴于行业的重要性，我们需要在研发领域加大投资，争取在激烈的国际市场竞争中获得优势地位。"

在奥斯曼帝国晚期就开始形成工业基础的土耳其，对制造质量的理解有着不甘人后的态度。工业门类较为齐全，体系较为完备，除了上面提到的服装行业，土耳其的电子加工、汽车、陶瓷以及钢铁行业都比较重视高技术的应用和精细化全面质量管理。土耳其的机械制造业主要是以中小企业为主，这种模式在复杂的激烈世界贸易竞争中能够保持着灵活以及抗风险管理能力，生产和装配零配件质量相当高，价格很有竞争力。土耳其的钢铁业年产量超过3 000 万吨，在世界排名第八，土耳其的钢铁业特别重视高端产品的开发和制造，主要是在建筑业、交通业和机器制造业领域。其中机器制造业高达 20%，超过千亿美元。土耳其的造船业世界领先，造船厂规模和质量早在 2007 年就紧随中日韩排名第四，造船订单也长期处于领先位置。

土耳其的汽车制造业发展势头也很猛，已经在全球范围的分工链上具备重要的地位，相关材料及产品产值早在2008年就超过229亿美元，到2017年底，已经拥有132个研发中心、设计中心，为激励创新与开发，这些企业80%的研发投入由政府承担，目前土耳其已逐步向世界汽车制造十强目标挺进。

土耳其核心家电产业基地在伊斯坦布尔、泰基尔达、马尼萨三大城市，其中最大的制造公司是1984年成立的Vestel（伟视达），以及1995年成立的Arcelik，是欧洲消费电子制造巨头，也是白色家电行业领袖之一。

欧美国家普遍比较欣赏土耳其制造，一是手工精美，二是符合欧洲标准，三是几乎找不到残次品、假货。当土耳其整个社会没有那种“给我多少钱就生产什么货”的意识的时候，很难在这里找到质量令人无法忍受的产品。

土耳其人重视产品质量与环境保护是分不开的。土耳其三面临海，2021年蓝旗海滩认证数量在全球排名第三，仅次于西班牙（615个海滩获得认证，28年以来，这个数量一直高居榜首），以及稳居第二的希腊（545个）。蓝旗认证最早开始于欧洲环境保护教育协会，到了1987年则由联合国环境规划署组织，为了嘉奖世界各地安全、清洁、环保的海滩。考核涉及水质、环境信息和教育、环境管理、安全和服务等4大领域，27项标准，而针对海港的标准有16项，体现了对海水水质、海滩环境、服务质量等全球最佳品质的认同。

土耳其环境与城市化部部长穆拉特·库鲁姆，对此激情澎湃：“得益于环境投资，蓝旗海滩的数量每年都在增加，到2021年达到519个，这使土耳其的蓝旗海滩数量跃居全球第三……我们已经收集了85 000吨带有‘零废物蓝’的海洋垃圾……土耳其的目标是到2023年在蓝旗榜上名列第一。”

## 第四节　乌克兰

乌克兰既是以前苏联的粮仓，又是现在俄罗斯的粮仓，同时还是欧洲的粮仓，肉类、鸡蛋牛奶、瓜果蔬菜，还有巧克力、冰激凌等都是物美价廉。乌克兰不仅继承了苏联重要的航母等军舰制造港口，而且在很多领域都位居世界前列，如可加工几十米长、直径几米的数控机床，微电子材料、光电材料、功能材料、人造的特别超硬材料等都属于世界先进水平。中国赶超世界顶级武器装备制造技术，离不开众多乌克兰国宝及科学家、工程师的帮助，这不是建立在金钱的诱惑上，而是基于天然的兄弟情谊。如果不是被西方忽悠，乌克兰目前应该都还是世界上领先的制造强国。乌克兰焊接工艺世界顶尖，乌克兰科学院巴顿焊接研究所尤其著名。航空航天焊接、水下焊接、金属与非金属焊接、高频焊接等工艺都是许多国家梦寐以求的。

乌克兰由于众所周知的一些原因，以前苏联时期培养的严格的军工体系已经不复存在。乌克兰负责生产152 毫米炮弹的两家企业在长期实际生产中只能用低碳钢代替规定中的炮弹钢来生产炮弹，爆炸时杀伤力大为减少。按照标准生产的炮弹可以在炮弹击中目标爆炸时破碎成1 700 ~2 000枚碎片，现在只能产生 100 多枚。究其深层次的原因是整个军工体系已经出现了严重的问题。

巧克力品牌 Roshen，由乌克兰的总统巧克力厂生产，口感非常纯正，在欧洲享有较高的声誉。乌克兰的冰激凌也是世界一绝，形如大香肠的冰激凌可以切块品尝，这些食品都具有世界顶级品质，深受许多国家消费者的欢迎。

如果没法直观体会曾经的乌克兰质量，那么看看它的一代又一代儿女的外形与气质。

# 第三章　第三层次国家的质量管理哲学与实践

印度防弹衣生产厂商恰好是为了自身利润，偷工减料而省掉高性能复合材料，人的性命对于他们来说，比不上金钱重要。

## 第一节　印　度

印度人很有趣，有想法，有野心，但一遇到艰难的现实就喜欢放弃拼搏与追求，往往是计划多于行动，坚决执行让位于缓慢妥协。

如2008年孟买恐怖袭击事件发生后，孟买警方高价采购了5 000件防弹背心，收货后的实际测试发现，1 432件背心连穿透性能较差的9mm手枪子弹都抵挡不了，严重不合格。全软质防弹衣最大的缺点就是防弹的性能比较弱，需要加金属、陶瓷、高性能复合材料才能够达标，而印度防弹衣生产厂商为了自身利润，偷工减料而省掉高性能复合材料，人的性命对于他们来说，比不上金钱重要。

为了彰显政府强大实力，印度不切实际地优先建造与国际200公里时速接近的孟买和达哈努之间的国产“高铁”项目，预计时速可以达到140~145公里，但是在耗资6亿卢比、历时6年后，印度铁路局承认该项目失败了，据称原因是列车转向架设计失败。

印度的质量管理意识，就好比一头印度大象，头脑巨大，想法、计划很好，但是缺乏脚踏实地克服困难、向前奋进的劲头，缓慢与休闲主导了质量行动。

据2021年《印度斯坦时报》报道，印度军方向拉达克进军过程中，一座军方建造的军用钢架桥突然断裂，设计标准为负载30吨，但当时只有卡车加挖掘机通过，顶多20吨，却造成钢架桥断裂。据分析，这座桥的钢材质量有问题，加上坐落在寒冷山区，基本上完全靠人工安装，安装质量根本就不过关。

国内许多自媒体转载的印度古吉拉特邦世界第二大水坝萨达尔·萨

罗瓦大坝，历经40年漫长建设工期在开闸放水4秒后就溃堤了。事实上，这座大坝目前还好好的，出事的是印度北阿坎德邦查莫利地区的一处水坝。因附近山上的冰川滑落，造成溃坝。因此不幸死亡和失踪的人员达到三位数，同时淹没了大片农田土地。2021年2月7日，据印度亚洲国际新闻社当地时间下午2时报道，参与救援的印军方人士透露，冰川还完全摧毁了附近的一座桥梁。

印度工程质量远不如印度人的软件质量和在世界顶级公司进入最高管理层的人的质量。据相关资料统计，仅2008—2012年，印度就发生了一百多起建筑倒塌事件，造成几百人伤亡，可见印度当地有许多“豆腐渣”工程。

目前在孟买，楼龄70年以上的居民住宅楼超过14 000多座，面对频繁的暴雨，建筑的质量严重影响居民的生命安全。

2016年3月31日，在印度加尔各答的一座正在建造的天桥突然倒塌，23人不幸遇难，70多人受伤。

2015年8月，孟买一座老旧居民楼发生坍塌，十多人不幸遇难。

2015年2月，印度北部一栋正在施工的大楼的楼板倒塌，13名建筑工人不幸遇难。

2014年6月，印度金奈市一栋在建楼房倒塌，至少26人不幸遇难。同一天，印度新德里一栋4层楼房倒塌，至少10人不幸身亡。

2014年，泰米尔纳德邦一栋11层在建楼在暴雨后倒塌，61人不幸遇难。

2013年12月，孟买一栋有33年楼龄的高层建筑倒塌，50多人不幸遇难。

2013年9月，孟买一栋5层居民楼倒塌，80人被埋。

2013年4月，孟买郊区一栋高层建筑倒塌，至少72人不幸遇难。

## 第二节　墨西哥

墨西哥一直都是美国的制造工厂，尤其是汽车制造业，一直是墨西哥的支柱产业。

金检有一次接到墨西哥制造的某大品牌汽车的轮毂裂纹分析案例，

虽然非专业人士可能需要半个小时以上才能发现这一裂纹，但是墨西哥的制造品质仍是令人疑虑。

1994 年，墨西哥成功加入了北美自由贸易区和开放市场，目前的墨西哥已经是世界第五大汽车生产制造大国，美国林肯、凯迪拉克等著名品牌在墨西哥都有生产基地。韩国现代、日本丰田等都有在墨西哥扩大产能的计划。

在距离墨西哥城两个小时车程的地方，西门子建起了生产组装和测试用于变电站的断路器部件的高电压设备厂，原本计划建在中国或者印度。2023 年，这些（160 种）零部件大部分将可以在当地生产，还有新的电涌放电器项目，涉及汽车、飞机、计算机、家用电器等多个行业。

德国奥迪汽车制造商在墨西哥的基地生产 Q5 汽车零部件，然后转运到中国组装，以满足中国市场不一样的需求。以墨西哥为生产基地的世界级大企业还有克莱斯勒，这个企业投资 5 亿美元在墨西哥建立基地，生产的菲亚特（Fiat）500 轿车供应中国市场。墨西哥总统费利佩·卡尔德龙在基地落成仪式上非常高兴地说："我想这是墨西哥产汽车首次出口中国，至少是近年来的首次……我们以前一直以为，情况应该是反过来的。"

有着与美国长达 2 000 英里边境线的墨西哥现在已经是美国的制造工厂，也是跨国公司向美洲国家供货的首选制造中心，墨西哥生产的制成品出口总额已经大于拉美其余国家总和。

1994 年北美自贸协定签订后，美国农业部统计数据表明，2016 年，墨西哥出口美国的农产品占美国市场的 19.9%，已经超过加拿大（19%）和欧盟（18%）。2022 年上半年，墨西哥出口美国制成品占美国市场的 14.2%，虽然在美国进口市场中占最大份额的仍然是中国，曾经在 2009 年底达到 29.3%，但目前已减少为 26.4%。

巴克莱银行一位投资专家表示："墨西哥制造业出口曾落后中国十年之久，但在 2008—2009 年后已占据上风。我们认为这种转变很可能是结构性的和可持续的。"

但是，墨西哥的整个产业结构并没有真正出现提升，虽然依赖着美国强劲的制造驱动力，带来了部分工业的快速发展。可惜的是，深层次结构性的问题，在自由主义经济政策的模式下，反而制约了制造能力的提升，失衡的结构在发展到一定阶段却拉了后腿，中国的供应链实力比墨西哥深厚得多。许多跨国公司进入墨西哥之后发现，很难找到一些必须零部件及其包装的生产制造商。

任性的墨西哥人在毒品面前无能为力的做法，也使墨西哥离质量强国依然遥远。

## 第三节　罗马尼亚

罗马尼亚制造是奢侈品牌信得过的“标签”。

多年来“罗马尼亚制作”这个标签一直代表着高品质、高贵与优雅，吸引着大量奢侈服装品牌。据罗马尼亚纺织服装皮革协会（FEPAIUS）统计，2016 年，罗马尼亚的纺织服装行业出口占全年出口的 10.8%，共有 7 428 家时尚类企业，包括服装 4 116 家，纺织品 1 312 家，皮革 2 000 多家，80% 的产品用于出口，服务路易 · 威登、香奈儿、阿玛尼、巴宝莉、雨果 · 波士，以及 ZARA、MANGO、Bershka、Next、Massimo Dutti 等著名品牌，产品都显著标明“made in Romania”。

罗马尼亚制作，在欧洲服装界有着非同一般的声誉。Faberrom 公司原来是国有工厂，员工 2 万多人，目前转为私人企业，员工只有 200 多人，但仍然保留了一流的制作工艺，工人们也一直以来都在学习各种最新制衣技术，质量和效率相当高。总经理 Daniela Schoppmeyer 介绍：“今天，我们不能说我们的制作成本比其他地方便宜，但我们生产的服装工艺和质量好，且我们的效率极高，能在 1 周内完成 1 笔客户订单，这些都是亚洲服装制造厂目前无法企及的。”但是，追求速度不是罗马尼亚人的主要思维，质量是无可替代的，为了吸引欧洲顶级奢侈品牌，总经理补充道：“我们的生产已经从以量为中心，转到以质为中心，我们的日产量从过去的每天 7 000 件下降到了每天 350 件。”在 Faberrom 工厂，一全套西装需要 30 多个工人，且每人花费 8 个小时来缝制。

## 第四节 摩洛哥

2015 年 6 月，PSA 集团在摩洛哥投产建成年产 20 万辆汽车的盖尼特拉工厂，最新一代 CIP 平台将被法国人引入摩洛哥，工厂完全按照 PSA 集团的最高质量标准来生产。

摩洛哥原来对进口茶叶的检验标准基本上是采用中国标准，一般来说中国检验合格了，出口到摩洛哥也是没有问题的。但是，这两年摩洛哥参照了国际的食品法典标准，还有欧盟标准，制定了比原来更加严格的摩洛哥标准，项目跟中国一样是 48 项，但是要求更严格了，其中有 26 项标准大幅度提高了要求。这就说明摩洛哥在食品卫生方面的标准已经逐步跟上国际顶尖的标准。

## 第五节 越 南

越南缺乏培养工匠的土壤。

十多年来，美国耐克等大公司纷纷在越南投资设厂，逐步取代中国的代工厂。如 2007 年，中国、越南、印度尼西亚、泰国生产耐克各类型鞋产品的比重分别是 35%、31%、21% 和 12%，仅仅三年后，越南就取代中国占据了 37% 的份额。“越南制造”在西方人认识中要比“中国制造”品质更好、成本更低。

2012 年后至目前为止，越南一直是耐克的最大生产基地，近几年，不仅鞋类产品占 50%，而且服装类产品也占 1/3。阿迪达斯、安德玛以及一些韩国服装品牌也开始在越南投资设厂。

但是，越南技术人员普遍不喜欢专业训练和认真掌握技能，满足于简单的标准要求，甚至借机索求一些利益。

局限于体制的氛围，越南人员素质上不去，质量之行任重道远，不客气地讲一句，在越南投资的外国企业可能面临的是一个难以逾越的质量大坑。越南难以有产生工匠的环境，目前如美国百年鞋企 WOLVERINE 开始撤离，将产能转回中国。公司高管解释当地供应链模式“极端不稳定”。耐克在2021年前期销量下滑近四分之一，加上不该发生的因素，耐克正面临着前所未有的挑战。

美国人自以为越南生产的鞋子品质好，但许多中国人不以为然。有国人对此深有体会，“当初我妹从遥远的欧洲给我带回一双彪马鞋子，我刚穿上不一会儿脚就开始疼了，仔细一看，越南产的，咬牙坚持了两天，还是不得不放弃，可惜了小妹万里迢迢的搬运”。美国人不知道中国人不买越南的账啊，大中华区占了耐克销售的主要份额，越南加东南亚全部都无法抗衡，中国人不买越南产的耐克，撇开其他方面的因素，越南制造的质量、做工是最致命的一个因素，至少是在世界最大人口消费大国这里得不到认可。

## 第六节　印度尼西亚

印尼的 Maspion，即金锋集团，是当地著名品牌，主营制造业，产品涵盖日用品、工业消费品、建工材料等，包括各种铝制品、保温瓶、冰箱、灶具、锅、风扇等，产品技术含量不高，但能占领当地市场。金锋的管理理念较为先进，经过多年发展，确立了创新企业再造机制、科学人员流动机制、合理价值分享机制，重视专业人才培养和流动，注意深入调研分析和谨慎扩张发展，集团对工厂实行指标管理，厂长全面负责，确保以工厂为核心，以工厂利润为中心。工厂实行独立核算，自负盈亏。

“Maspion”是印尼语，含有“邀您始终信任国内工业产品”的意思，强调和自信认为没有哪家产品可以在品质上胜过自身。正是这种注重品质实践的管理模式，金锋产品有些可以连续七八年赚不到钱，但一旦产品质量得到市场认可和大众追捧，不到两年就可以收回成本，此即金锋产品的取胜之道。

印尼金光集团也有异曲同工之味道。早期只是一家很小的氢氧化钠生产厂，目前已成为世界纸业十强。尤其是其生产的铜版纸，更是在世界上有最强的竞争力。印尼金光集团采取“林、浆、纸一条龙”的垂直整合式经营，实现“低成本、高质量”的经营目标。

Trisula 制衣公司是印尼一家拥有上万名员工的制衣工厂，承接各大著名品牌的服装制作。

品质带动复兴，20 世纪 90 年代失去亚洲制造大国地位的印尼，在当今世界的激烈角逐中似乎又开始了艰难的复兴之路。

印尼作为东盟最大的经济体，强化外向型制造业。印尼主要有采矿、纺织、轻工、机械、汽车、纸张、化工、橡胶、皮革、制鞋、食品等产业，矿产资源丰富，金、银、锡等产量居世界前列。印尼最大的国家石油公司，2014 年被《财富》评为世界第 123 强，印尼最大的钢铁企业克拉卡陶钢铁公司，年产量已达 300 万吨。印尼航空业比较发达，全国有 23 个航空港达到国际标准。印尼主要航空公司有鹰航、鸽航、雄狮航空等，印尼鹰航荣获伦敦的国际航空运输评级组织 Skytrax 等机构颁发的“全球最佳区域性航空公司”“全球最佳经济舱”“世界最佳机组”等荣誉。2014 年，印尼鹰航成功跻身 Skytrax 五星航空公司之列，成为继韩亚、国泰等航空公司之后获此殊荣的全球第 7 家航空公司。Skytrax 主要强调的是世界各大航空公司服务质量的一致性，其颁发的奖项是业内资深指标性大奖，代表着业内最高水平，还代表着服务水准的可持续性。

# 第四章　南美的质量管理哲学与实践

南美质量管理不像欧美那样着重核心技术的掌控，更多是体现了自然生态平衡和科技创新服务。

## 第一节　阿根廷

阿根廷工业门类较齐全，主要有钢铁、机械制造、电力、汽车、石油、化工、纺织等，核工业、钢产量居南美洲前列。阿根廷工业的制造能力及影响能力相对较弱，远不如农业生产水平之高。潘帕斯草原不亚于瑞士的山草地，空气质量、水质都非常好，且远离工业的污染，世界动物卫生组织甚至评价阿根廷的潘帕斯草原是农牧畜业风险极小的地方。

阿根廷的现代化农业相当发达，农场作业工具不仅有越野车，还有小型飞机。阿根廷的国家应用科技研究所专门开发了一套管理系统，利用低轨道的卫星监控农作物的生长情况。管理人员在公司的电脑里，可以清楚了解到土壤温度、湿度及农作物生长的情况。施肥、播种、收割等通过该系统自动安排。阿根廷的农业不仅是自动化的机械作业，而且拥有不亚于欧美农业发达国家的一流的智能系统，从根本上保证了农业、畜牧业的质量。

阿根廷除了牛肉等食品质优价廉，深受中国人喜爱外，Todomoda服饰，格里多冰激凌，卡氏家族酒庄、诺顿酒庄等出品的红酒的质量都非常好。阿根廷的葡萄酒世界著名，是主要葡萄酒生产国，年产量14亿公升。此外，肉类、乳制品、粮食、水果等加工业也相当发达，是世界粮食和肉类的主要贡献者，小麦、玉米、大豆等产品远销北半球。

## 第二节 巴 西

巴西人的质量意识比较强，如塞地亚（Sadia）食品加工联合企业一直强调，想要在世界各地获利就得靠质量。即便是玩足球，个人的球技比战术、体能等因素都重要，个人的球技如果没有达标，在巴西是没有机会上场的。在实践中高度重视以质量求信誉，以质量求发展，是巴西许多大企业的国际经营理念和战略。

巴西的民众相当憎恨腐败，对外普遍十分注意维护清廉形象。有一家中国医疗器械生产销售企业，产品出口到巴西，需要在巴西当地注册销售，巴西 ANVISA 药监局首先进行为期 5 天的质量管理体系检查。刚一开始，按照国内习惯，公司老板准备了一顿丰盛的接待餐，但 ANVISA 药监局拒绝了，表示什么时候通过检查，才能共进晚餐。中国公司按照外交礼节，送对方瓷器茶具，但对方认为可能涉及腐败，没有接受。ANVISA 药监局检查的时候严格按照 ISO 13485 标准，对一些风险、纠正预防措施特别关注，最为突出的是审查 CAPS 和 DMR 这两个文件，一个是纠正预防措施，一个是产品主文件，审查得相当认真。

不管是生产过程，还是经营过程；不管是走出去面对国际市场，还是迎接国外企业走进来，巴西都强调严格按照全面质量管理体系来设定方针目标，完善质量管理体系各种要素，并且相当重视风险监控和质量缺陷的预防、纠正，在生产现场开展 5S，采用 PDCA 循环，尽量做到“零缺陷”和追踪售后服务。目前，巴西已有 40 多万家企业，普遍对质量管理等工作都相当重视，相关质量咨询机构、咨询中心有 540 家，专兼职咨询员五千多人，巴西的质量管理体系早已相当成熟。但是 2017 年发生的事件可能将导致巴西整个质量管理界不得不迎来深刻变革。

2017 年巴西发生“问题肉”丑闻，即巴西食品公司等大型企业居然出口变质肉制品，并且买通政府监管人员。这件事让巴西整个食品监管体系崩溃。世界多国拒绝巴西肉进口。同年 10 月份，欧盟相关机构全面审查了巴西官方质量监管体系，包括 6 个州 13 家屠宰厂，结论是“巴西肉类检查体系存在不足，有待完善”。

当时巴西总统特梅尔对此很激动，“我们取得肉类出口的成绩几乎可以说是一场战役，”他说，“这是巴西奋斗了20年、30年的战役，但忽然一下子，我们在国际上的声誉就遭到损害了”。据巴西农业部部长布莱罗·马吉分析，预计损失为15亿美元。而一些巴西专家并不愿意承认体系失败，认为只是个案，“巴西的这一体系运行历史悠久，事实证明是非常有效的”。

有着足球王国和咖啡王国之称的巴西，建国时间和美国差不多，避开了两次世界大战，发展得天独厚，农业、畜牧业都十分发达，是世界蔗糖、柑橘、玉米、牛肉、鸡肉、大豆、烟草的主要贡献者。巴西在20世纪70年代率先开发绿色能源技术，从甘蔗、大豆、油棕榈等农作物中提炼燃料，不仅全国不使用纯汽油，用生物能源代替，而且出口全世界。巴西用于耕种转基因产品（大豆、玉米和棉花）的土地面积在2011年就已达到3 030万公顷，约相当于两个山东省的面积。牧场面积更大，达1.77亿公顷。有了这样雄厚的基础，巴西才能以农产品出口贸易额居世界第三位来叫板全球第二的美国。

巴西的科技创新能力不足，工业制造力差，也没有什么品牌产品，更不用说工业制造质量如何了。如果按一般的认识标准，可谓两条腿走路跛了一条。但是，在2011年巴西的GDP就已经达到了2.62万亿美元（当时中国的GDP是7.318万亿美元，人均只有5 445美元，全球排名87位），人均GDP达到了1.32万美元，已经距离高收入国家只有一步之遥了。如果把按GDP计算变成按GNI（人均国民收入）计算，则已经属于高收入国家（根据世界银行之前公布的标准，将GNI大于12 056美元的国家列入高收入国家或经济体）。在2019年，巴西宣称已迈入发达国家行列。可惜，不知道是不是疫情影响，还是“问题肉”对巴西的打击，2020年巴西的人均GDP下跌至6 450美元，占了中国当时的世界排名（87位），已经快跌至中国的一半了。

迷信质量体系万能让巴西人找不到质量管理的出路，尤其是当质量问题爆发时，他们更加迷茫，不知所措。

对于一个拥有上亿人口的大国来说，没有自己的核心质量竞争力就没有未来世界核心地位。

## 第三节　乌拉圭

乌拉圭的奶牛经营管理者多为中小企业主，80%的牧场是专业奶场，奶牛的饲料以牧草为主，仅辅以少量的营养饲料。乌拉圭牛奶质量优良，UFC 的含量达 100 UFC/毫升的在 90%以上，并且其中 SC 的含量低于 40 万 SC/毫升，并采用十分严格的冷藏技术来保存牛奶。

20 世纪 70 年代，乌拉圭奶业品质和数量都已相当不错了，开始大批出口。目前 70%的奶产品（主要包括鲜奶、奶粉、奶酪、牛油以及奶制食品）出口到全世界 50 多个国家，出口额约占农牧业总产值的 15%。通常只有发达国家因其发达的质量控制才能出口奶制品，但乌拉圭做到了，成为少数几个能够出口奶制品的发展中国家。相关专业人士估计，以乌拉圭目前的生产能力和质量控制能力，潜在出口量还可以增加 10 倍以上。

乌拉圭还有一行业相当有国际市场地位，那就是葡萄酒生产。本土葡萄品种 Tannat 较为粗糙、涩口，所以乌拉圭的葡萄酒大部分比较低端。目前乌拉圭已开始重视高端葡萄酒，特别是白葡萄酒，多品种、高品质，国际需求越来越大，主要品种有维欧尼、长相思、霞多丽、托伦特斯、阿尔巴利诺。乌拉圭的高端葡萄酒为了保证一流的口感和品质，通常需要经过五天冷浸，然后加入一些口感柔和的葡萄（如美乐）混酿，并且还混合新旧法国橡木桶陈酿，这样的工艺，使得乌拉圭的葡萄酒逐渐具有国际竞争力。

## 第四节　智　利

2010 年 2 月 27 日，智利发生里氏 8.8 级大地震，据报道称其释放的能量是海地之前发生的 7 级地震的 501 倍。但海地死亡人数高达 22 万人，智利则低于千人，其中一个主要原因就是智利属于较发达国家，建筑物抗震能力非常强。海地一位建筑师帕特里克·米迪称海地只有 3 栋可以抵御地震的建筑——政府办公大楼、总统官邸、电视台大楼，其他的全部倒塌，所有媒体系统完全瘫痪。但是智利则完全相反，几乎没有什么建筑物倒塌，更没有粉碎性坍毁，部分建筑只是局部倾斜或者墙体开裂，但依然顽强挺立，从而拯救了许多人的性命。从人均标准来说，智利拥有全世界最多最好的地震学家、建筑师和工程师。并且他们的建议不仅是得到政府管理者的欣赏，而且纳入规定采用，建筑设计注重防震的方方面面。施工工程师、技术员、监理师的防震意识也非常强，整个防震无形机制、有形体系非常强大，实际证明了一切努力没有白费。

据英国《经济学人》的调查，按照承受能力、质量、安全等27 项指标，对全球一百多个国家和地区的食品供应和质量进行排名，智利在拉美地区排名第一，世界排名 29 位。智利的食品质量得到全球普遍认可。智利红酒最为著名，如智利甘露酒厂是智利最大的葡萄酒生产商之一，产品品种丰富多样，并远销世界 115 个国家和地区。此外还有坐落在迈波山谷，出产顶级品质佳酿的桑塔丽塔葡萄酒厂，以及中部葡萄酒产区的蒙特斯酒庄，还有坐落在科尔查瓜山谷的卡丽德拉酒园（Caliterra），致力于酿造出新鲜、有水果味、能突出自然特征的葡萄酒。本土销量最大的葡萄酒庄阿塔卡马酒庄，出产的黄牌有机葡萄酒是由天然有机葡萄赤霞珠、品丽珠、西拉和佳美娜混合酿制，再经过 8 ~ 10 个月的橡木桶陈酿，口感柔和、果香馥郁，年产可达 2 000 万瓶。

而曾获 2006 年布鲁塞尔国际葡萄酒大赛金奖，坐落在著名的卡萨布兰卡山谷的卡奇拉酒庄更是智利葡萄园的顶级。黑皮诺是葡萄中的公主，特别典雅、高贵。特酿的、红宝石色泽的黑皮诺葡萄酒的香味与橡木融合在一起，有着浓郁的水果香，圆润愉悦的口感令人回味无穷。卡奇拉酒庄的白苏维翁白葡萄酒还获得 2010 年国际苏维翁葡萄酒竞赛银奖。

# 第五章　欧美的质量管理哲学与实践

强大而又自负的质量管理体系，难道真的就无懈可击了吗？

## 第一节　成也体系，败也体系

看惯了亚洲国家质量笑话的欧美一向自负，但是它们的质量管理哲学是否真的如它们所说的那么强大无敌呢？欧美的质量体系可以追溯到美军武器装备供应体系。为了保持世界霸主地位，美国在军事方面给予充足的财政、人员投入，美国在军事方面的管理要求和技术要求往往比ISO标准相对应的高许多，由此可见美军在质量管理方面的世界领先的竞争力和主控力。20世纪50年代，美国国防部实际上代替了国家的标准化机构，不仅制定军事标准，而且还制定了许多民用标准、两地通用标准。但是，即便有如此的顶尖体系，一向号称产品质量好、安全性高的美国依然无法阻止质量事故频发。20世纪90年代初，美国总审计局一份调查报告显示，在1994—1995年所有飞机灾难性事故中，由于质量原因造成的占27%，而发动机故障在1975—1996年间则占空军安全性最高的F－16飞机事故的四成左右。

20世纪80年代，美军发现F－16线控飞行系统存在设计缺陷，极易短路，并且容易被海洋气候腐蚀。购买了F－16的中国台湾曾发生了十多起严重的飞机事故，不仅飞机损失十多架，而且致使20多名飞行员失踪。

而由于液压与计算机系统出现的故障导致“鹞”式战斗机坠毁、平尾摇臂材料适应环境能力差、对应力腐蚀敏感，F－111由于锻造缺陷和应力疲劳断裂造成可变翼枢轴接头空中折断等严重飞行事故不一而足。70年代，第一代“鹞”式飞机曾获得“寡妇制造者”绰号，AH－IW“眼镜蛇”及“王牌”攻击型直升机出现过飞行中旋桨断裂事故，而且由于雷达系统不适应热带环境，使得多种元件失效，只能工作22

天。1971 年，美空军 31 种机械设备，由于对温湿度环境不适应，发生故障高达 4.6 万次，使用寿命仅有 2 年。核潜艇以及坦克瞄准系统红外夜视仪也频发故障等。

1963 年 4 月 10 日，美国当时最先进的“长尾鲨”号核潜艇突然沉没在 2 600 米深的海域，129 名人员无一生还。事后调查发现是由于一个管道系统断裂，使得海水进入潜艇内部，而高压空气吹除系统有先天设计缺陷，缺少干燥处理装置，产生的水蒸气在管道内部结冰，潜艇无法紧急上浮，最后导致惨剧发生，这就是一起极严重的质量灾难。

2002 年 6 月，美国 156 架 F-14“雄猫”航母战斗机准备执行任务时被紧急叫停，原因是必须立即深入调查该型飞机前起落架的腐蚀问题。原来 3 月 2 日，F-14 在一次训练中就已出事，导致飞行员不幸身亡。经过长时间的调查，致命原因就是外气缸材质有缺陷，容易受腐蚀。凡起落架外气缸压杆腐蚀程度超过 0.005 英寸的都必须更换，而小于 0.005 英寸的则要进行 50 次弹射检测，确保不影响飞行。

2019 年 4 月 9 日，美国的《军事时报》调查显示，美军战斗机在 2013—2018 年这五年间事故率飙升近 40%，累计发生 6 000 多起事故，造成 198 名现役军人死亡，157 架战机坠毁。

在民用航空方面，据不完全统计，1945 年以来，截至 2022 年 3 月，美国已发生了 864 起重大飞行事故，导致 10 828 人不幸遇难，俄罗斯紧随其后，加拿大第三，英国第六。其中，波音 737 系列共计有 502 起飞行安全事故，其中引起重大人员伤亡的事件 12 起，5 585 人不幸遇难，737-800 客机则发生了 10 次灾难事件，造成 786 人不幸遇难。

如此高发的质量事故，可见美国世界领先的质量管理体系和实际质量事故发生有多大的差距。

1994 年 6 月，当时的美国国防部长佩里批准执行美军标准改革，其中有两条尤其特别，一是由以前的对武器装备研制生产的每一个细节都进行严格监督和控制改变为建立一套以性能要求为基础的招标程序；二是改变标准的顺序，最优先使用的是第一级，包括法律和国防惯例，第二级是非政府标准（相当于我国的企业标准），第三级是商业说明书，第四级是联邦规范和标准（国标），最后一级才是军用规范和标准。

## 第二节 民生与质量鸿沟

1999 年在比利时，最终导致内阁集体辞职的居然是一起质量事故：二噁英污染事件。二噁英，化学名 1，4 – 二氧杂环己二烯，工业上的副产物，一般来说没有什么作用，可以溶于多数有机溶剂，无色无味，但对人体危害极大，属于一级致癌物质，是目前人类创造出来的被称为“地球上毒性最强的毒物”。

但就是这样的毒物，从 1999 年 3 月开始，在世界上被视为食品卫生最安全国家的多家鸡场的鸡群及鸡蛋中被检出，甚至有些含量超出限定的 140 倍。德、法、荷等一千多家养殖场，包括猪饲料都被污染。后来的调查更惊人，有些肉类的二噁英含量超过限定值 1 000 倍，欧盟 15 个国家均被波及。6 月初，比利时政府才对外宣布召回，已经不知道有多少二噁英进入多少人体。

如此滞后的作为，导致比利时内阁最后集体辞职。据相关测算，直接损失为 3. 55 亿欧元，后续损失至少几百亿欧元，更重要的是，无法估计对人体的损害。

令人无法相信的同样事件居然十年后又发生，并且是发生在以质量优异著称的德国。2011 年 1 月，二噁英污染德国多地养殖饲料，5 000 多家农场当即被关闭（这里不得不赞叹一句，德国当局和比利时当局的反应速度确是天壤之别）。德国农业和消费者保护部霍尔格·艾尔切拉声称来源是 2010 年底，德国北部的一家公司出售的用于制造饲料的脂肪酸，约 3 000 吨被污染并投放市场。

而深受二噁英毒害的还有 2008 年的葡萄牙，当地检疫部门从 30 吨从爱尔兰进口的猪肉中检出这一致癌物质，但是许多猪肉已经售出无法收回。

世界唯一超级大国美国，号称管理最先进、体系最优秀、素质最高，近十年发生的食品安全事件如下：

（1）2006 年“带菌菠菜”事件。威斯康星州的袋装菠菜中含有大肠杆菌，致使 26 个州 200 多人感染病毒，3 人不幸死亡。

（2）“沙门氏菌”事件。2008 年，美国一公司受到指控，因在其生产的花生酱中发现沙门氏菌，导致46个州700多人受害，9人不幸死亡。2010年8月，加州沙门氏菌感染多个地区，3.8亿个可疑“毒鸡蛋”被紧急召回。2011年8月，26个州70多人感染沙门氏菌，其中1人不幸死亡，根源是火鸡肉。2015年9月，11个州66人又被沙门氏菌感染，来源是超市的生鱼片寿司。2019年，美国多个州又发生沙门氏菌感染事件，这次是与Karawan品牌芝麻酱有关。

无休无止的沙门氏菌，见证了美国质量管理体系及最权威、最自傲的FDA的无可奈何。

（3）2014年Subway事件。知名食品供应商Subway生产的三明治面包中居然被检出偶氮二甲酰胺，这是一种化学添加剂，通常用于皮鞋或瑜伽垫里增加弹性。这和我国“毒胶囊”何其类似。

（4）2015年Blue Bell李斯特菌事件。4月9日，8人因食用Blue Bell公司生产的冰激凌而感染李斯特菌，3人不幸死亡。

（5）2016年冷冻蔬菜李斯特菌事件。华盛顿州帕斯科市冷冻食品著名品牌CRF Frozen Food紧急召回美国、加拿大各大超市出售的15款冷冻蔬菜，怀疑受李斯特菌感染。

此外，还有人因食用含有大肠埃希菌的菠菜而不幸死亡，15个州多批牛肉含有大肠埃希菌，宠物食品、数百万只鸡和生猪饲料中含有三聚氰胺等。美国关于食品质量安全的事件层出不穷。

2001年，疯牛病在法国、德国、比利时、西班牙等国相继发生，欧盟各国牛肉及其制品销售遭受重创。

2005年，法国克朗工厂大批奶粉受到沙门氏菌污染，致使一百多名婴幼儿感染；2017年，同一家工厂生产的产品又导致37名婴幼儿患病。

2017年10月，法国兰特黎斯集团又卷入奶粉沙门氏菌丑闻，波及全球80多个国家和地区，涉及1万多吨奶粉。

2018年3月，荷兰一婴幼儿配方乳粉在自检中发现使用的一批乳清粉疑似受到阪崎肠杆菌污染，相关产品已出口到中国、越南、沙特阿拉伯等国家。同年同月，德国一婴幼儿配方乳粉生产企业在自检中也发现相同的污染，有关产品已经分销到奥地利、丹麦、瑞士、意大利等国家。

2018 年 4 月，西班牙警方查获 8 吨假奶粉。

2018 年 7 月，著名瑞士企业雀巢的早产宝宝配方奶粉被智利相关机构检测出金黄色葡萄球菌等细菌超标，智利卫生部发出通告。

2022 年 4 月 27 日，联合国官网消息提及近期在比利时巧克力中发现沙门氏菌，涉及欧美 11 个国家，共发生 151 起病例，巧克力产品已销往包括中国在内的全球 113 个国家和地区。

## 第三节　欧洲医疗服务质量事故

德国公立保险医疗服务中心一份调查显示，2017 年时，德国医疗事故投诉事件为 3 337 宗，到了 2018 年，达到 3 497 宗。服务中心副主任 Stefan Gronemeyer 说："我们认为，每个经过确认的医疗事故背后，都有 30 个未被发现或报告的类似事件。"

一方面反映在如此发达如此重视质量的德国，在民生重要领域依然做得不够好；另一方面则反映了监管机构、第三方服务中心的质量管理意识很强。

英国的国家医疗服务体系公开发布的 2018 年医疗状况报告显示，约 3 600 名病患在医院因医疗事故不幸死亡。

《欧洲时报》报道，法国"正确服药团体"在公开声明中表示，法国每年有超过 1 万人因剂量不对、方式出错、药物相冲等原因"吃错药"而死亡，比交通事故死亡人数整整多出了 3 倍。在这些案例中，至少半数以上是本可以避免的。

欧洲汽车工业协会在提供给 EVS - GTR 的一份材料里描述了 2010—2018 年新能源汽车在欧洲发生起火事故的情况，一共有 28 起事故，其中包括特斯拉 7 起，宝马 3 起，Smart 2 起，雷诺 2 起，大众 1 起。德国消防部门已经学聪明了，备好了大水箱随时出动，用吊车把起火车子直接浸入水箱里。

## 第四节 欧美质量与巨大灾难

1976 年 7 月 10 日，瑞士 Givaudan 公司属下的 ICMESA 化工厂的加碱水解反应釜由于反应放热失控，高达 4 个大气压的压力致安全阀完全失灵，巨大的爆炸带着二噁英等在内的各种化学物质冲破屋顶，形成一个污染云团，整个意大利米兰省多个城市全被波及。意大利和欧洲顿时陷入了极大恐慌。1982 年欧共体对 180 种危险化学物质及其临界量标准进行严格监管，颁布《工业活动中重大事故危险法令》。2007 年 6 月 1 日欧盟正式实施《关于化学品注册、评估、许可和限制的法规》，简称“REACH”法规。

1979 年 3 月美国宾夕法尼亚州发生了三里岛核事故，直接导致当时美国卡特总统宣布放弃所有的核电站。这次事故的根源是一起质量事故，二回路的水泵发生故障，其冷却系统自动投入使用，却没有水流，而整件事起因是前段时间工人检修后忘记打开阀门。之后操作人员更是“神操作”，处理完全错误，本来是一件小事故，最后却导致堆芯熔化，非常危险。好在反应堆还有几道安全屏障，无人伤亡，但事故轰动全美，从此美国暂停了核电站建设。

20 世纪中叶，环境保护在发达国家得到了广泛认同，同时诞生了许多严格的法律、法规、条令。在发达国家从事相关的生产和经营面临了诸多严格监管，所以许多跨国企业把一些高风险的产业转移到其他缺乏严格监管的发展中国家，一些产业由于保护系统的缺陷或者监督控制体系的落后，造成了非常严重的环境危害和灾难，令发达国家也难以幸免。

1984 年印度博帕尔事件是人类历史上最严重的人为灾难之一，导致 2.5 万人不幸遇难，55 万人间接不幸受害遇难，还有另外 20 多万人致残。灾难发生在 1984 年 12 月 3 日凌晨，地点是印度中央邦首府博帕尔市贫民区一家农药厂，氰化物泄漏引发严重后果，该厂属于美国联合碳化物（印度）有限公司。在惨案发生前，该公司面临停产，生产线上 6 个安全系统无一正常，而早在两年前，安全稽查队就已发现该农药厂有 61 处危险隐患。

如果危险不及时消除，留待以后将是惨重的代价。

2010 年 4 月 20 日，墨西哥湾石油泄漏事件。英国石油公司钻井平台上的钻杆突然喷气，气体和原油立即冒上来，在一处有易燃物的房间发生第一起爆炸，之后引发一系列爆炸。事先设计好的用于事故防范的“深水地平线”的“防喷阀”失灵，没有启动。事发后，借助机器人启动“防喷阀”也失败，完全失去作用。灾难导致 11 位工作人员失去生命，持续 87 天大量漏油，每天高达 50 万加仑甚至 80 万加仑，总计泄漏 1 970 万 ~4 300 万加仑原油，周围环境被严重污染，生态异常恶化。美联社公开指责，数年间多座钻井平台的“防喷阀”失效与联邦政府监管人员放松设备检测监管不无关系。美国法官判决英国石油公司支付 40 亿美元罚款，但于事无补，蓝色海洋从此又多了一次污染重灾。

此外还有臭名昭著的切尔诺贝利核污染事件、日本福岛等三次核污染事件，我国当前正处于各行各业迅猛发展阶段，是否能在这些事件中学到足够多的教训和切实提高防护措施？装了自动报警、自动保护装置就万事无忧了吗？事实上许多时候这些防护措施还是没能阻止灾难的发生，根源在什么地方呢？也许印度博帕尔事件的当事人，当时正在交班的奎雷施说的一句话值得深思：“公司在管理这种放射性气体时，太过于自负，从来没有真正担心过这种气体有可能引发一系列的问题。”

# 第六章　我国的质量管理哲学与实践

普通人的一些意识也许很偏颇，但不可否认代表了相当一部分人的担心：吃鱼最好买冰鲜的，因为商家为了保持鱼的鲜活，可能会加入致癌物孔雀石绿；以前农村孩子喜欢吃的青蛙和黄鳝不能再吃了，因为它们体内可能有农药和避孕药；大排档用潲水油只因为油价贵得离谱；吃了生蚝等贝类可能等于直接吃重金属，江河湖海污染虽有改善，但任重道远；蛋糕的奶油可能用的是反式脂肪；不喝保质期长的乳饮料或者果汁，因为可能加了防腐剂；牛奶加了香精，甚至加了增稠剂、淀粉或胶体；亚硝酸盐超标的烟熏肉类，有的还加入了色素；红烧肉往往加入了乙基麦芽酚以增加光泽，等等。这些担心并非完全空穴来风，质量管理界采取什么态度对待这些问题也许是中国建设质量强国过程中绕不过去的坎。

## 第一节　中国质量管理思想与实践现状

### 一、中国质量的傲骨铮铮

质量强国战略实施之后，我国已经诞生了很多世界著名的质量名片。首推探月工程，2014 年 10 月 24 日在西昌发射飞行试验器，11 月 1 日成功着陆，探月工程第三期再入返回飞行试验取得了完满的成功，标志着中国已经全面掌握了第二宇宙速度的再入返回飞行技术。

神舟、超算（包括银河、神威）、天宫、蛟龙、天眼、悟空、墨子、大飞机等重大科技成果相继问世，中国真正具有完全自主知识产权，没有被人家卡住脖子。完全掌握多种核心、关键技术，并能雄踞世界的非中国航天莫属。中国航天成果举世瞩目，中国北斗系统作为中国航天的一部分，已取得惊人成绩。

2020 年 7 月 7 日，中星 16 号为青岛航空一架飞机提供互联网服务，实现了国内民航首次空中互动，标志着未来空中冲浪时代的开启。

中国北斗系统已和全球100多个国家和地区签订了合作协议，估计最低产值将超4 000亿元，没有完全自主知识产权和优良的服务质量是不可想象的。

在美国肯尼迪宇航中心，挂着全世界航天强国的旗帜，包括俄罗斯，唯独没有我们的五星红旗。但2020年，一位美军高层将领公开宣布，美空军已把中国北斗作为备用系统，防止飞行员执行任务时GPS系统中断。想来在不久的将来，肯尼迪宇航中心里面要补挂上中国的国旗了。

肯尼迪宇航中心挂着全世界航天强国的国旗，但独缺我们的五星红旗，为什么？深层次思考这个问题，并不是意识形态那么简单，更多的是世界对我们的能力、我们的成绩、我们的质量还不够认可。因此，如果我们需要进步，纵观近十多年来的中国质量，是否真的无愧于我们自己所宣称的那样“厉害了，我的国”？

## 二、 中国质量另一面

伪劣产品在一定程度上摧毁中国制造的信誉。

2009年，据说时任乌干达贸工部部长卡欣达 · 奥塔菲雷购买不过一周的中国造皮鞋居然出现了脱胶变形，引发当地突击封存华商大批商品事件。我国假冒伪劣产品给正牌产品造成致命打击，中国声誉受到严重负面影响。

在坦桑尼亚，我国生产的产品，当地人称为“kichina”。在非洲许多国家，如肯尼亚、喀麦隆、津巴布韦、埃及、加纳等，中国制造随处可见，但是，非洲朋友反映我国产品的质量的确令人不敢恭维，材质太差，使用不久就坏了。在他们许多人眼里，中国制造几乎等于廉价伪劣的代名词。虽然中国制造量巨大，许多品质的确也不会比美国、日本等国家的差，但是，“坏事”更易“传”千里。而且更令人无奈的是，许多国人认为非洲落后，或者出的钱少，一分钱一分货，甚至为了区别假货，发明了“山寨”，这样便可以心安理得。

在马来西亚、越南等东南亚国家，也有类似问题，人们对中国制造的产品又爱又恨，爱的是东西多，表观令人赞叹，价格更是亲民；恨的是用两三天就坏，或者买到手的完全就是假货、冒牌货。

但是中国一位检测界资深人士认为，当然是那样子了，你给多少钱，我就给你同样价位的产品。

一位做出口的朋友谈了自己的亲身体会：他们把立式空调机出口到日本时，日本客户的评价令他哭笑不得："如此精美，不像是中国制造的。"出口日本的产品，哪怕是说明书袋子里不慎掉进去一根头发，也都会被退货。

我们善于全盘引进先进国家的设备、技术、零部件，甚至是人才，如制造飞机时引入乌克兰工程师。即使照搬照抄德国、瑞士的经验和技术，比如国产的各种合资品牌汽车，又比如直接抡起大锤砸了自家缺陷产品的某国内名牌，但为什么我们还是未能像发达国家那样拥有高质量、高声誉的品牌呢?

因为数量可以作秀而得，但质量想得到别人的认可和信任，不是作秀就可以的。

以往，我们出口的最好品质的商品，出口前还有着质检部门严格的检验和把关。但目前产品质量有所下滑，究其根源，在于国人普遍对质量不重视，不客气地说，忘记了国家荣誉与责任。一些工人装水龙头，开关完全装反了也长期无人更换。一些新铺路面第二天就凸起一块也无人理睬，即便因此造成行人摔跤。

并且，还有一种典型的崇西洋贬非洲、东南亚之制造质量的陋习。

2011 年，为了改变我国产品在非洲的不良形象，质检部门对出口非洲的商品加强了查验和监管，质检总局检验监管司一位领导介绍："加大对输非产品的检验和查验力度，各地检验检疫局在口岸查验输非商品共计 34 987 批次，货值 22. 2 亿美元。严厉查处输非假冒伪造装运前检验检疫证书的行为，有针对性地检查输埃及装运前检验证书 3 008 份。对埃及贸工部公布的 257 家输埃'黑名单'中的中国企业进行认真核查。对检查中发现确实存在问题的企业，严肃查处。"这从侧面反映了，官方已经承认，出口产品问题到了不容忽视的程度。

2022 年 3 月，生态环境部对外公布了 4 家碳核查机构存在弄虚作假、篡改伪造检测报告的严重问题。据估算，目前"碳价"是每吨 60 元，如果一家企业一年的碳排放量是 1 000 万吨，而通过作假减少

10%，就可以省下 6 000 万元，这不是一笔小数。

中国宏观质量监控在行动，中国声誉不容玷污。

## 三、 民生质量关系国家安全和未来

在高铁、航空、通信、导航、船舶重工、机械制造、电子电器、智能控制、能源化工等领域，我们有非常大的突破，以及非常好的质量控制和长足的进步。但是，目前严重质量问题还是集中在“衣、食、住、行”等领域，而这些领域关系普通人的方方面面，从长远的角度来说，这也是国之栋梁能否千秋万载牢固不倒的关键领域。

苏联末期就是没下大力气搞好民生，没有赶上英、美，解体的惋惜与痛心只能留给一代又一代人。

“三鹿奶粉事件”刚过去不到一年，三聚氰胺又曝恶性事件。据新华网报道称，全国食品安全整顿工作会议传出消息，2009 年以来，一些地方查处多起乳品三聚氰胺超标案件，这些案件都是使用了 2008 年未被销毁的问题奶粉作为原料生产乳制品，性质非常恶劣。

2010 年 1 月，质检总局《2009 年第 3 批产品质量国家监督抽查质量公告》公布了对酱油、木制家具等 31 类产品的抽查结果，其中 375 家企业生产的 400 种木制家具中近三成不合格。《室内装饰装修材料 木家具中有害物质限量》等标准检测指标包括底脚平稳性、下垂度、用料、漆膜涂层软硬覆面理化性能、力学性能、有害物质限量等。

2013 年中央电视台曝光北京市消费者协会对 50 种热销床垫产品的检测结果，包括 37 张弹簧床、13 张棕纤维床，检测结果居然显示半数不合格，主要是甲醛含量超标，对消费者健康造成伤害。

2017 年质检总局发布家用电器类产品第二季度质量国家监督抽查情况通报，涉及电子电器、轻工产品、电工及材料产品等 6 类 31 种产品。情况仍然严峻，如储水式电热水器，抽查范围涉及 8 个省 40 家企业的 40 批次产品，约为全国同行业的 20%，不合格率为 17.5%；家用电动洗衣机，涉及 8 个省 74 家企业 74 批次产品，不合格率为 16.2%；食具消毒柜的不合格率高达 20.6%。

2020 年 8 月，央视新闻报道国家市场监督管理总局发布的办公椅最新国家监督抽查结果，涉及 11 省市 90 家企业的 90 批次产品，不合格率高达 23.3%，不合格项目有底座断裂、脚轮脱落、甲醛超标，甚至存在爆炸风险。

2018 年 3 月，原质检总局职能整合，由市场监督管理总局发布产品质量抽查监测数据。从 2018 年由官网公布出来的数据可以分析，许多产品质量已大有提高，主要有四个方面的特点。一是国产名牌几乎从不合格名单中消失，比如制造名企海尔、海信、美的、九阳等的产品没有抽查检验到任何一件不合格品；二是洗衣机、电视机、电冰箱、空调等常用的家用电器普遍质量提高，不合格数量和项目都显著下降；三是灯具、电吹风、电压力锅、电动自行车、旅行箱、玩具、电缆电线、锂电池、刹车片、建筑用钢化玻璃等质量问题仍然突出；四是衣服鞋袜质量问题不少。

下面将一些家庭常用的产品抽查到的主要不合格项目列出来，广大消费者在选购时可以留意一下这些方面，厂家在生产时更应注重这些项目的质量控制情况。

LED 灯具：耐热、外壳耐压试验、温度、耐燃烧、防引燃等。

电冰箱：储藏温度、耗电量、冷冻能力、能效等级等。

电吹风：输入功率和电流、对触及带电部件的防护、电源连接和外部软线结构等。

食品消毒柜：接地措施、电源连接和外部软线、输入功率和电流、发热、电气间隙等。

空调：制冷消耗功率、制冷量、能效等级等。

液晶电视机：防电击保护的结构要求、电源端骚扰电压、能源效率、辐射骚扰场强等。

电压力锅：结构、接地措施、螺钉和连接、内部布线、电源连接和外部软线、输入功率和电流等。

电动自行车：充电器、反射器、短路保护、地面距离等。

旅行箱：振荡冲击性能、耐冲击性能。

玩具：小球、小零件、可触及的尖利终端、DEHP、DBP、DIDP 等。

电压力锅：接地措施、螺钉和连接、电源连接和外部软线。

电缆电线：导体电阻、绝缘平均厚度、绝缘老化前抗张强度、绝缘老化前断裂伸长率、曲挠试验等。

锂离子电池：额定容量测试、热滥用（电池）。

刹车片：摩擦性能、有害元素含量（其中湖北省某厂家生产的碳纤维复合刹车片冲击强度不合格；河北衡水某厂家生产的高端陶瓷刹车片摩擦性能不合格）。

儿童安全座椅：材料燃烧特性、材料毒性、动态试验、头枕性能等。

安全带：零部件盐雾试验、整体动态负荷、动态试验、卷收器等。

安全帽：浸水冲击吸收性能、低（高）温冲击吸收性能、低温类穿刺性能。

建筑用钢化玻璃：碎片状态、表面应力。

袜子：纤维含量、pH 值、横向延伸值。

西服西裤：纤维含量。

皮衣：摩擦色牢度、撕裂力。

童装：耐湿摩擦色牢度、绳带要求。

其他还有不少，不再列举。

## 四、 全方位全线条科学监管失衡

不少质量监督机构人士认为，国内质量管理和监督经过这么多年的实践，虽然每隔一两年就爆发一些大的质量事故，但是我们总的质量形势还是非常不错的，总体还是越来越好的。实际上呢？我们的质量态势已经处于一个十字路口，并且一个是上行，一个是下行，如果没有足够的重视和行动，很难保证上行的态势。

中国质量、中国制造、中国服务、中国品牌已经发展到了一个无法否认、无法避免的阶段，是时候认真反思和重新修正之前的监督管理模式和行动了。

但是，虽然许多有识之士意识到这些质量事故并非偶发事件，但令人奇怪的是人们认为生产厂家应该承担责任，因为厂家是始作俑者。更令人奇怪的是，这样的认识居然在当今全面质量管理思想已占了主流地位的时代重新占据了国人的思维，怎样形成先进的全民质量意识是问题的关键。

相当多的高层管理者在实际管理架构中采用了相应的监管模式，从之前由于技术手段的限制，而只能靠事后监督，到强调事前监管，又到现今反思认为一系列质量事故难以避免而重新切换到事后监督，准备以法律手段和经济手段为主来进行整治。我们就在这一次又一次摇摆中错失机会。

为什么我们有自己伟大的神舟而不学呢?

政府强调事后监管，明显认为质量管理由企业、厂方负责，政府诚如足球场的裁判角色，只是裁判不参与质量活动，并且想当然认为自己本身无须承担什么责任。

此种质量管理意识和行为实际上把整个国家赋予的职责“巧妙”地卸下，把公众的矛头“巧妙”地“引导”向另一侧，但对全局的发展起到积极作用还是消极作用则需要实践来检验了。在这种思维模式下，原来的进出口商品检验机构自我牺牲，顺理成章也有了强大的逻辑基础。

国内近十多年的质量问题状况令人相当头痛，每年央视“3. 15”都会曝光一批质量问题，有一些毫不例外是反复出现的商品质量问题。

国内质量，一直在摇摆和艰难中前行，宏观质量监控与现实质量状况的巨大差距令人忧心忡忡。

以往，中国出口的产品要保证最好的品质，出口之前还有着质检部门的严格检验和把关，但后来改变了监管方式，把出口产品的品质把控交给了所谓的第三方检测机构，交给了出口国。

全方位、全线条科学监管失衡导致的国内产品质量问题不得不引起社会各界的高度关注。

我们质量管理水平要想切实提高，首先应建立强大的监督机制和系统零缺陷的绝不妥协意识；其次应在具体方式、具体措施上改革，循序渐进地提高单产品总体质量水平以及建立切实可靠的质量保障体系。单产品总体质量水平，指的是单件产品在行业内的整体质量水平。而要实现单产品总体质量水平的提升，第一步是基于社会化大生产条件，充分利用现阶段的科技水平和成果；第二步就是结合生产实际情况，特别是人员的实际能力，不断改进生产流程和服务意识。

质量不是一步登天，也不是空唱歌、空喊口号，质量需要长期一步步的艰苦工作，需要诚信与踏实，需要千锤百炼，需要千千万万人的汗水和智慧。

总之一句话，没有小人物，就没有大质量。

## 第二节　中国质量管理哲学与特点

在中国，有没有质量管理哲学？首先要回答下面四个问题。

第一个问题，中国有没有质量管理？这是毋庸置疑的。中国引进了西方的科学管理思想已经有数十年了。在这个学习过程中，中国人融会贯通把许多西方的理论和实践总结出来，活用到我们自己的实践和经验上，所以在这一点上是毋庸置疑的，中国的的确确已经在进行着科学管理，或者是说中国的科学管理正在向前迈进。

第二个问题，中国有没有自己原创的理论？据目前状况，不但没有原创的质量管理理论，甚至原创的科学逻辑、原创的数理基础理论都极其罕见。

第三个问题，中国有没有自己独特的质量管理学派，或者是说有独特的质量管理思想能够形成一个门派？据目前状况，也是没有。我们所有的管理经验、管理实践以及监督管理都是学习发达国家的。

第四个问题，中国目前有没有一些质量管理方面的独特思想？这一方面还是有一些的，如系统零缺陷管理、两种质量观等，但是没能形成社会的共识，更没有能够形成自己的流派。

中国目前的质量管理思想表现为：

（1）处于初级阶段，比质量朦胧状态略好。主要还是处于学习模仿阶段，没有自己的质量管理哲学，甚至严格按照ISO等国际标准要求（国际标准实际往往是普通要求，美国波音公司等许多企业自行设计了一套更高标准）。这个在之前是促进了我国产品质量的发展，但是到了一定的阶段，它就成了阻碍。

（2）集中力量办大事、办好事。有许多国家重点扶植行业或项目取得重大成就，甚至有些走在世界顶尖行列，如中国航天、高铁、某些高能物理项目、5G等。

（3）未形成质量决定意识，未形成质量深入挖掘意识。主要体现在，曾经确立的质量主管部门反而由于质量问题被新机构代替，这种改革与探索精神值得肯定，但反过来也似乎可以说明，我们的主流质量管理意识随时会改变，成熟度相当低。民间主流质量意识、质量管理思想几乎完全让位于妥协、中庸之道。

（4）妥协的质量哲学较为普遍，让位于经济与世俗，一分钱一分货，没有生存谈何好质量？“山寨”产品居然得到了最大的生存土壤，即使是法律手段的处罚也难以让它们销迹。打假与某种层面、某种程度的纵容达到巧妙的平衡，一方面是监管部门、主流媒体等加大了打假的力度，让很多对民众形成致命伤害的假货无处可逃。另一方面，却是有些“山寨”的产品跑到国外去注册一个洋品牌回来，从而堂而皇之地被视为质量不错的产品而得到生存土壤及满足某些人的购买需求。国内也有一些不知从哪里冒出来的贴上大品牌的“山寨”小厂，生产的东西实在不敢恭维。比如，某检测实验室一位电工老师傅，一次帮内部维修两块电加热板（2012 年购置，品牌为 IKA，型号为 C－MAG，HP10，德国产），问设备管理员有没有说明书，设备管理人员说，这两块电加热板都是几千元的，两万元以上的才建档案。老师傅瞪大眼睛，电加热板不可能几万元吧？设备管理员见老师傅不信，当面查账，还真发现 2016 年后购买的几块电加热板果然过万元。两人一对实物型号，老师傅又傻眼了，过万元的居然是国产品牌，而德国 2012 年产的只需三千多元，不过没有数显。实验室经常需配备电加热板，2000 年后购置了不少国外品牌，包括德国品牌，价格三五千元不等，很好用。后来购置北京某一厂家生产的带显示屏的电加热板，价格过万元，但经常发生故障，电工师傅分析肯定是“山寨”小厂贴上北京厂家的牌子。不过，许多问题不能一概而论，“山寨”产品也有好货。金检公司有几台钻床，是 20 世纪 70 年代按照苏联留下来的图纸仿造的，一直用到了 2017 年，用了近半个世纪，基本上是满负荷工作。这些钻床又好用又好保养，除了外观老旧，一点故障也没有。

（5）宏观质量、环境质量愈发重视。针对环境问题，国家标准 GB/T　24001《环境管理体系规范及使用指南》出台，以达到污染防治和节约资源的目的，从而促进整个社会可持续并且有质量地发展。另外一个国家标准 GB/T　28001《职业健康安全管理体系规范及使用指南》

则为了保护质量主体，保护劳动者身心健康及职业安全，体现了我们现阶段以国家标准形式维护劳动者的迫切期望和决心。当然，还可以总结出下面一些主要特点：

①强大执行力；②认真、一丝不苟与差不多、无所谓“完美”合一；③机械、作秀（诚信）、盲从；④有时显得过于浮夸；⑤组织纪律性强，比较严明；⑥注重实践；⑦传承，重视传统，重视习俗、环境；⑧人性化管理与层级体系“完美”合一；⑨数字化、大数据、云数据、元宇宙广泛意识与实际缺乏；⑩仿制便捷。

通常是因为有某种意识才有某种行动，但在当代中国，却有许多相反的例子。国内的质量管理行动大于意识，或者是远高于形成系统的意识。

当代国内质量管理思想的特点，无差别服从性、务实性、唯上论。无差别服从性与务实性居然如此科学合理地展现出来也真是世界一个奇迹。

有很多人在实践中掌握了大量的质量管理的经验和具体的做法，所以中国的发展才如此迅速，但是目前还是没有把这些伟大的一线工人或基层管理者的经验和智慧提炼成国人自己独特有效的体系，形成原创性的思维方法。这不能不说，我国的学术研究和管理实践依然严重脱节，像德国那种全民质量意识，还相当欠缺。我们目前一切都是按照标准来做，非常简单，粗暴机械地理解质量问题的深刻含义。美国的全面管理思想相对来说比较好，他们把质量重新定义为满足客户的需求，而不单单是生产经营者或服务提供者想怎么样就怎么样，这是一个飞跃，但远远还不是质量的要求与使命。

## 第三节　中国质量管理哲学体系的发展呼唤

为什么要建立自己国家的质量管理哲学体系？回答这个问题可以说很复杂，也很简单：建设质量强国的需要。

有两位长期做检测工作的专家，一位是资深研究员，另一位是1979年考入北大的经验丰富的高级工程师。当他们一开始接触到“6σ”概念（发生意外的概率约百万分之3.4）时，都不约而同一口否定，不可能，绝对做不到，卖概念而已。但是，中国民航的适航证对航空器的安全认定就是事故率必须小于百万分之0.3，按照航空界一位专家的说法就是一架飞机每天飞10小时，要飞几千年才可能发生一次事故，这样看来飞机非常安全。两位检测专家认为“6σ”概念都不可能做到，这种百万分之0.3又怎么可能做到呢?

2022年3月21日，东航波音飞机737－800（NG）发生事故，巨大的灾难让132条生命从此离我们而去，令人非常痛心。哀悼之余，大家对飞机的安全产生了莫大的担心。而按照专业的统计分析，波音737－800（NG）的事故率更低，只有百万分之0.19（未包括这次）。

但真是那位航空专家理解的那样吗?飞几千年才出一两次事故?

目前波音737在全球大约有10 000架，如果10架同时或同一天起飞，这个百万分之0.3也就相当于飞1 000次就可能出事3次，从全世界范围来看，似乎比较符合现在的情形。

目前，中国所采用的质量管理理论几乎都是西方半个世纪前或者是一个世纪前提出的，我们现阶段的质量管理理论已经远远滞后于我们现在的质量管理实践。如果要实现弯道超车，首先必须具备质量意识。

没有自己的质量管理体系，中国永远只能跟随、追寻。

国家领导人在第二届中国质量奖颁奖大会上强调：“质量发展是强国之基、立业之本和转型之要，各地区、各部门要大力实施质量强国战略……”

中国航天、中国高铁、中国建筑、中国高速公路、中国天眼、中国5G建设、量子通信以及中国传统小工艺品等创造了许多世界第一，综合品质优异，非常了不起，在世界上也得到了很多很高的赞誉。一些西方人士坐上中国高铁，享受着发达国家所没有的速度与服务品质的时候，无法相信中国还是发展中国家。

质量不仅是企业的生命，还是国家强大先进、繁荣昌盛的最好名片。而创新则是质量出众的标杆，是质量永续的灵魂。反过来看，由此标准也可以考察中国目前真正的质量状况和发展水平。

中国每年关停200多万家企业，几千家企业倒闭，平均每分钟就关闭2家。据统计，中国只有7%的企业能存活5年及以上，10年以上的不到2%，98%以上的国内中小企业成立十年内都会难觅踪影。在这种情况下，只有大品牌才有质量可言。但大品牌，在一种非优化的土壤中很难几十年如一日奉质优而行。

所以，首先需要重树社会对质量的态度，即净化土壤。从根本上来说，则是企业是选择屈从于短期的金钱和欲求，还是绝不妥协，以长期的祖国声誉和人民幸福为基本立足点。

当我们用诚实、热血、智慧、汗水为世界创造新的质量标杆时，才是为世界树立了新的质量管理榜样。只有到那时候，我们才会真正体会到强大的自豪与责任。

# 第四编　未来的质量管理哲学

奥地利作家斯蒂芬·茨威格在他的著作《人类群星闪耀的时刻》的序言中写道："历史——我们把它赞颂为一切时代最伟大的诗人和演员……在一个民族内，为了产生一位天才，总是需要有几百万人。一个真正具有世界历史意义的时刻——一个人类的群星闪耀时刻出现以前……这一时刻对世世代代作出不可改变的决定，它决定着一个人的生死、一个民族的存亡甚至整个人类的命运。"在他的眼中，伟大人物和重要瞬间才是人类有意义的历史，其他时间组成的历史只是为这些伟人决定人类命运准备而已。

斯蒂芬·茨威格的观点代表了西方主流历史学家、社会学家以及媒体的观点，普通人在他们眼里，只不过是一栋大楼里的沙子。这种观点作为西方世界的主流观点一点都不奇怪，奇怪的是在当今中国，这本书和这种观点都很受欢迎。

即便是在多年前，伟大的无产阶级领袖早在不同的场合多次强调，人民群众才是历史的创造者，人民才是国家的主人。但在我国赞颂普通劳动者的今天，又有多少人真正明白普通人所拥有的巨大力量呢？这个力量蕴藏在平凡的日常生活和工作中，而且蕴藏着主宰质量管理、主宰世界的能量，虽然我们普通人自己也不相信，但质量所要求的第一条就是要经过千锤百炼，这暗示了每一个普普通通的动作，每一次普普通通的运动，每一个普普通通的锤击，才是真正的贡献。

在北京冬奥会上，我们看到隋文静、韩聪拿到双人花样滑冰金牌，谷爱凌轻松拿下两金一银，但我们看不到他们经历过的失败，也看不到他们的摔倒受伤，这些失败是不可或缺的组成部分。而多少人为了这块金牌也曾努力过，这些也是不可或缺的组成部分。没有这些失败和持之以恒的竞争，就没有胜利的辉煌与幸福。

伟大，源自每一步的坚持。失败，同样伟大，只要你尽心尽力。

# 第一章　粒子（质量）管理学

每一个普普通通的动作，每一次普普通通的运动，每一个普普通通的锤击，才是真正的贡献。

人类由于高能粒子影响和自身创造性、传承性，以及大脑神经的精密性和高度自我进化能力，拥有无穷无尽的能量。

普通人如何影响并改造质量世界？只有建立无形质（虚形）结构才能发挥巨大的潜能。只有被管理人同时都成为管理人，质量管理才能真正达到完美的自我持续改进状态。

## 第一节　粒子与宇宙

现代哲学要具备生命力，必须立足于真实的宇宙、真正的物质世界，必须从被证实的基本物理现象和物理理论谈起。马克思、恩格斯创立马克思主义的时候结合了当时最先进的科学基本理论知识。现代质量管理哲学要有生命力，也必须清楚地了解现代科学发展，不能停留在空谈理论或者只有实践而没有理论的阶段。

### 一、基本粒子

所谓基本粒子在物理学中有专门的定义。基本粒子就是构成物质的“最基本”单位的粒子，原意是维系物质相同属性的最小尺寸物质（用体积、直径等单位衡量）。

人类进入20世纪后，基础物理科学开始突飞猛进。一开始，科学家们就发现分子可划分出原子，并且认为这个世界的一切都是由原子构成的，当时大家都认为原子就是基本粒子了。后来发现原子可以再分为原子核和电子（因此这个时候，电子又成为新的基本粒子），之后又发现原子核本身又可分为质子和中子，继之又可分为夸克和胶子……

随着科学手段的进步，科学探索工具越来越先进，科学家们发现了很多比原子、原子核小得多的粒子，统称为基本粒子。以前被认为是基本粒子的原子和夸克相比，直径相差9位数，即便是原子核，直径也比夸克大4位数之多。

基本粒子（包括高能粒子）有中子、超子、介子、反质子、中微子等，绝大多数来自宇宙射线。按作用力不同基本粒子又可以分为夸克、轻子和传播子三大类，目前发现有62种之多，有12种是它们的反物质粒子。有些是传播子，如引力子——引力相互作用的一种媒介粒子，还有希格斯粒子。

基本粒子的存在表明，宇宙中的所有物质、辐射都由基本粒子组成。即便是看似只是作为能量传播的一种形式的光也可以认为是由光子构成的，不久前被科学证实存在的引力波也是由引力子构成的。

世界是物质的，所以说，基本粒子构成了这个世界。世界并非只是由某些大物体，或者是由某些能在特定的阶段、特定的条件决定别的微不足道的物质存亡的所谓有“分量”的大物质构成。

换一个角度来看，这个观点其实很简单，对于茫茫无边的宇宙来说，这所谓的大的物体、大的物质，其实都是一样的渺小。一句话，无论大物体，还是基本粒子，都具有同等作用，同样重要。

基本粒子并不“基本”，只是相对于一定的时间，基于一定的技术手段探索而已。科学家在探索基本粒子的过程中，重要的是掌握了以往从来没有认识到的巨大能量（如核裂变和核聚变）和改变世界的动力。

## 二、 高能粒子的发现

高能粒子的发现改变了科学家对物质结构和宇宙能量的认识。

目前科学家测得的基本粒子质子、中子的直径是原子直径的十万分之一，夸克、轻子更小，还不到质子的万分之一。基本粒子微不足道，但往往可以放出高能射线，蕴藏着无与伦比的高能量和高速度，如铀、镭等，对人类而言，则可能是一把双刃剑。

这里有两方面，一是高能粒子本身所蕴藏的巨大能量（如太阳粒子），二是人类要找到这种高能粒子的前提是必须开发和掌握巨大能量（如加速器、粒子对撞机、中国环流器二号等）。

太阳系最著名的同时也是对地球最具威胁的高能粒子莫过于太阳活动产生的粒子流，统称太阳高能粒子，主要表现之一就是太阳的耀斑。

这些粒子流主要就是质子和电子，耀斑辐射中也有中子。现代物理学家注意到，太阳的宇宙射线并不是孤立的，可能是由于别的星系引力或高能粒子冲击，激发了自身内在粒子动力机制，从而产生光、磁等肉眼看不见的“无形”射线。

星系的产生、爆炸、消亡往往伴随着大量的宇宙射线（高能粒子流）的产生和激发。同时也说明这些高能粒子流带有大量的能量，非凡的运动机制，还有大量的宇宙隐藏的神秘信息，甚至是改变世界的神秘因素。

人类每一次发现新粒子，可以说对人类的贡献都非常重大，一个粒子开拓了一个时代的说法毫不夸张。

20 世纪初，诺贝尔奖获得者新西兰科学家卢瑟福发现 α 粒子散射实验现象并开创用粒子（或 γ 射线）轰击原子核来引起核反应的方法（后称之为“卢瑟福散射”），成功实现了人工核反应，开启了用“微不足道”的粒子产生新粒子的方式，并为后面获取巨大能量奠定科学实验方法基础。

许多科学家因为发现基本粒子而获得了诺贝尔物理学奖或化学奖，可见这些工作在人类科学发展史上是多么重要。

高能粒子的发现离不开科学的实验和科学的理论。奠基人 1908 年诺贝尔化学奖得主欧内斯特·卢瑟福（培养众多诺贝尔奖获得者）和居里夫妇可谓居功至伟。而小居里夫妇更是把实验的光环洒向人类未来的实践探索。

1932 年，狄拉克通过著名的狄拉克方程，预言正电子肯定存在，创立了新式原子理论，获 1933 年的诺贝尔物理学奖。

同年，英国物理学家查德威克（卢瑟福的学生）重新解释了小居里夫妇的实验，揭开了中子的神秘面纱。两年后获得 1935 年诺贝尔物理学奖。

错过至少两次获得诺贝尔奖机会后，终于轮到持之不懈、忘我工作的小居里夫妇了。1935 年约里奥—居里夫妇因发现人工放射性获得诺贝尔化学奖。1938 年，他俩又证实了中子在裂变过程（核裂变）中能够引起链式反应，从而开创了人类开发新能源、拥有高能量的新纪元，奠定了此后出现核武器的实验基石。

瑞典裔美国物理学家卡尔·大卫·安德森，基于小居里夫妇的方法，用γ射线轰击，证实了正电子的存在，开辟了反物质研究（1936年获诺贝尔物理学奖）。后来我国物理学家赵忠尧也获得类似的实验成果。

德国物理化学家奥托哈恩因“重核裂变反应”获1944年诺贝尔化学奖，开创原子能新纪元。

奥地利—美国物理学家维克托·赫斯（1936年获诺贝尔物理学奖），通过一个非常简单又非常大胆的实验发现了宇宙射线（高能辐射），开创了宇宙射线天文学。

此后，1934年日本汤川秀树提出的介子场理论预言介子存在，获1949年诺贝尔物理学奖；1947年英国物理学家塞西尔·弗兰克·鲍威尔因“发展了用以研究核过程的照相乳胶记录法并用此方法发现了π介子”获1950年诺贝尔物理学奖。

20世纪50年代之后，人类有条件制造粒子加速器和对撞机等现代高科技设备，由早期的高压、回旋、静电加速器进一步发展到当今的同步回旋、高能对撞、直线加速、电子感应等加速器，能量已经从几百keV跃进到几十个TeV。1955年反质子被塞格雷和钱伯林发现，两人因此获1959年诺贝尔物理学奖。1959年王淦昌等中国科学家也发现了反西格玛负超子。

祖籍俄国的美国物理学家莱因斯，1953年发现了中微子并且建造了中微子探测器；美国物理学家佩尔，1977年发现了τ子的亚原子粒子。两人的发现表明宇宙中存在着三代夸克和轻子，令人们对物质结构的探索又迈上了一个新台阶，两人共同获得1995年诺贝尔物理学奖。

20世纪80年代，中国也开始在高能粒子这个领域加速追赶。目前，中国的可控核聚变研究装置“中国环流器2号M”（号称人造小太阳）建成并投入使用，技术水准仅次于国际热核聚变实验堆，已经成为世界的最尖端装置。

### 三、小小粒子在宇宙中的作用

面对浩瀚的宇宙、茫茫的星系，小小的粒子又算什么？

目前已探测到的宇宙有多大？宇宙中有着成亿计的星系，有的直径甚至达10亿光年，而我们所在的太阳系，直径还不足一光年。

1977年9月5日，旅行者一号发射升空。飞行12年多，在1990年2月14日，距离地球约64亿公里的地方，旅行者一号朝着太阳系内侧拍摄了一组照片，其中一张照片中有一个只有0.12个像素点那么大的暗淡蓝亮点，就是我们的地球。之后，旅行者一号又飞了31年，仍在太阳系内，科学家们估计，至少还要飞3万年，它才能飞出太阳系。

地球面对太阳系，连一粒沙子都算不上，也就勉强算得上一个粒子。

而太阳系只是银河系中普普通通的一个星系，以光速走十多万年才可能从银河系一端到另一端。而银河系之上还有星系群、星系团，我们所在的是本星系群，直径约一千万光年；而在此之上更大的宇宙结构叫超星系团，我们所在的是室女座超星系团，据称直径约1.1亿光年。而其之上还有更大的宇宙结构。

粒子面对如此巨大的宇宙，算什么呢？

而宇宙中的星系一直在不断运动，地球围绕着太阳运转已经显示了太阳巨大的引力作用，也显示了运动所必需的巨大能量，但这一切面对银河系则显得太微小了。据估算，银河系质量约是地球质量的69 300万亿倍，更不用说室女座超星系团的质量了……

如此巨大的星系、如此巨大的运动能量，这一切都源于小小的基本粒子。如果基本粒子的能量足以驱动整个宇宙，那么，普通人物的能量也足以改变人类的质量世界，只不过需要一种特别的结构。

## 第二节　暗物质与暗能量

### 一、暗物质的发现

1930年，瑞士一位名叫弗里兹·扎维奇的天文学家公布了一个惊人的研究结果，通过估算质量后发现，星系团中99%的质量观测不到，能观测到的星系占星系团比重极小，不足三百分之一。2006 年 1 月，暗物质的部分物理性质被剑桥大学天文研究所成功探测到。

天文学家探测暗物质是否存在，一个直接证据就是，通过对星系、星系群和星系团里普通物质的引力效应的观测。

2006 年，星系团 1E 0657 - 56 的碰撞威力使普通物质与暗物质分离，这一暗物质存在的直接证据被美国天文学家利用钱德拉 X 射线望远镜成功观测到。

2007 年，哈勃太空望远镜探测到了位于遥远星系发出的光在两个星系簇中的暗物质干扰下产生的引力透镜现象，美国约翰斯·霍普金斯大学的太空望远镜研究所据此用计算机绘制出呈环状分布的暗物质分布图。

暗物质分布图显示，通常我们知道的普通物质只占宇宙质量的 4.9%左右，宇宙的主要组成部分是暗物质和暗能量，暗物质占宇宙质量的 26.8%，而暗能量更是高达 68.3%。

暗物质和暗能量，目前科学界对此几乎一无所知，除了探测到它们的存在。我国在 2010 年底也建成了探测暗物质的锦屏地下实验室。2015 年 12 月 17 日，“悟空”号在酒泉卫星发射中心成功发射升空，是目前世界上观测能段范围最宽、能量分辨率最优的暗物质粒子探测卫星。

所谓的基本粒子实际是相对而言，物理学家总喜欢认为自己找到了构成宇宙的最基本粒子，但往往一段时间后又被后来的物理学家发现所谓的“基本”其实并不“基本”，还可以再分下去。

## 二、宇宙粒子和暗物质的意义

对于普通物质来说，如星系、星云、恒星、气体、尘埃、黑洞、辐射等，基本粒子决定了其运动的质量和能量。但对于茫茫宇宙来说，除了这些基本粒子扮演着看得见的主角，还有暗物质和暗能量，它们才是宇宙真正的主角。

不管是目前发现的基本粒子，还是科学家刚探测到的暗物质，对于人类肉眼来说，都是看不见的，虽然看不见，但并非不存在。当我们用高科技手段探测出来时，发现它们在肉眼看不到的暗处却起着至关重要的作用。

宇宙为何没有坍缩？

希格斯玻色子是现代物理学界、宇宙学界最热门的话题之一。诺贝尔奖获得者莱德曼称其为“上帝粒子”（意思是取代上帝创世的粒子），“指挥着宇宙交响曲的粒子”，重要性是无与伦比的，它从宇宙开端中获得了质量，一直至今是所有物质质量的来源，是电子、夸克等之所以带有质量的基础。宇宙不会在大爆炸瞬间坍缩（按照宇宙大爆炸产生的理论）的主要原因就是由于希格斯场和希格斯机制的存在。《物理评论快报》近年刊登了由丹麦、英国、芬兰三国科学家共同研究的成果，对标准模型中希格斯场和万有引力之间的耦合强度做出了限制。

之所以称呼希格斯玻色子是“上帝粒子”，是因为其无与伦比的基石作用。希格斯玻色子是宇宙中所有的物质、能量系统保持相对稳定的关键。一些物理学家认为，一旦“上帝粒子”的质量发生改变，那么宇宙将会发生巨大的动荡。打个比方，希格斯玻色子就像一栋大厦的神秘支架，平时看不见，但起着举足轻重的作用，一旦支架被抽离一根，整栋大楼可能就会倒塌。换句话说，这些科学家认为“上帝粒子”如果出现问题，我们的宇宙也可能崩溃。

按照现代物理学界的标准模型，宇宙存在62 种基本粒子，人类目前已经找到了 60 种，只余下 2 种，一种是引力子，另一种就是希格斯玻色子。现在引力子的存在已经被初步证实，只余下希格斯玻色子了。

有这么一个著名的比喻，用来直观解释希格斯场的作用。一个大厅有许多参加派对的人在自由交流、互动，这时候，一位伟大人物走进来，顿时，大厅气氛好像变得很凝重，每个人都好像被赋予了一种神秘的力量，焦点在大人物身上，一切行动都很缓慢。这种神秘的力量就相当于希格斯场。

在物理学的标准模型里，希格斯机制能够使基本粒子获得质量，是一种赋予粒子质量的机制。希格斯场遍布于整个宇宙，与之相互作用的基本粒子可以由此而获得质量。

认识了粒子和高能粒子的重要作用后，暗物质被证实存在，而其对宇宙的巨大作用更是表明了，“无形”、“微小”、被忽略的物质和运动并不是真的无形和微小，而是在默默中起到巨大的甚至是决定性的作用。

当你只注意到大人物走过来的时候，是否留意到真正起作用的正是希格斯场?

### 三、粒子的分形反映了宇宙世界的基本结构特征

卢瑟福的原子模型一出世，便震惊世界，因为它和我们宏观的太阳系模型如此相似！甚至还可以类似于许多恒星及其行星的运行模型，结构的完美呈现令人惊叹不已，极小的世界居然有着和极大世界的相似结构，人们必须重新审视这个宇宙的基本构形。这就是所谓的分形，宇宙在不同的尺度上有着人类无法相信的重复和一致。这也体现了一个最基本的研究理论——分形理论。

分形的宇宙观不仅体现在形状、形式或者结构上的一致，还体现在运动与预测方面都有着非常完美的表现。粒子的世界“分形”同样可以体现出质量管理的本质规律。

### 四、粒子与力、能量

力是世界生存和发展所不可或缺的基本形式，没有力就没有这个世界。

目前科学家们发现宇宙中存在四种力，即引力、电磁力、强相互作用力、弱相互作用力。而力的载体就是粒子，比如光，很早之前认为光是一种波动，后面才发现光也是一种粒子，发现光的波粒二重性可以说是拉开了现代物理学的序幕。人类发现和认识到光的粒子性是世界发展史上的一个重要里程碑。然后是量子论的诞生和发展，这种全新的认识世界的方式实际上在哲学上表明了所谓的微不足道其实并非微不足道，且揭开了什么才是宇宙中真正强大的力量。

当研究表面强大的物质时，不考虑暗物质和暗能量的作用已经不合时宜了。诚如在人类世界，只有认识到背后的物质隐形的力量，才能够更好地认识其中的发展趋势和发展规律。正如俗话所说，起决定作用的，往往是背后的力量。

科学家们不禁要问：基本粒子为何不仅仅是以分散的状态各自存

在？为何又能够构成“物质”，从而组成更复杂更高级的结构形式？

## 第三节 粒子与人类

有一句话说得好，哪里有什么英雄从天而降，有的只是平凡人挺身而出！

目前，地球受到来自太阳的高能粒子影响最大。特别是太阳耀斑爆发时，太阳宇宙线通量可急增几个数量级，成分主要是质子，所以也叫作太阳质子事件。

太阳高能粒子对人造卫星、航天器等都可能造成严重损坏，如击中控制系统的微电子元件。太阳质子事件甚至可能会对舱外行走的宇航员的健康、生命构成威胁。

现在电子计算机已广泛应用，但可能许多人不知道，如果把电子也看作一种粒子的话（在当时只发现了电子的时代的确如此），电子的研究和应用奠定了后来先进电子计算机等设备的研发基础。

美国物理学家菲利普·安德森、约翰·哈斯布鲁克·范扶累克，英国物理学家内维尔·弗朗西斯·莫特三人同时获得了1977年诺贝尔物理学奖。“对磁性和无序体系电子结构的基础性理论研究”确立了电子元件开关和记忆的技术理论基础，今日的电子计算机能够如此迅猛发展完全得益于此。

此外，除了高能粒子对撞机等科学研究外，高能粒子在人类生活中还被应用于中微子通信、外科手术的伽马刀、工业探伤或流水线自动控制，以及应用高能粒子技术制造半导体器件，将高能电子辐照工艺应用在半导体器件和宝石改色，将空间高能粒子探测技术应用于地震预报研究及遥感技术，以及未来的量子计算机等。

1994年7月，世界上第一把旋转式伽马刀诞生在深圳，具有30个60Co放射源，放射源和准直器在治疗时同步旋转，直径分别为4mm、8mm、14mm、18mm的射线束可以通过调整准直器的某一组孔与放射源的对正位置来控制。其主要优点有：无须麻醉，范围精准，治疗时间短，正常组织无损伤，安全可靠，术后无特别不良反应，无明显禁忌证。

伽马刀作用质量涉及诸多要素，如各种机械、核物理、剂量、计划系统等，应用于临床还需要结合患者进行治疗参数调整，如焦点精度、剂量率、绝对剂量以及参考点相对剂量等的测定和验证。

## 第四节　无名小卒与质量世界大厦

许多人只知道牛顿、爱因斯坦等巨星在人类历史上的巨大影响，但其实许多小人物才真正是这个世界一砖一瓦的建造者。世界历史若没有了牛顿、爱因斯坦固然失去了星光灿烂，但如果没有许多无名小卒的贡献，今日世界肯定也不是今天的模样。失去一颗巨星也许无关灿烂，但如果众多小人物从来没有存在的价值或者贡献，这个世界将失去所有星辉，黑暗将永远统治宇宙。

论对世界的贡献，“无名小卒”在世界前行史上建造了一座又一座的丰碑，丝毫不逊色于巨星。

迪克·贝斯特（Dick · Best，名字内涵挺有意思的）一位无名小卒，在扭转太平洋战争胜败乾坤的关键战役——中途岛海战中，一日之内一举摧毁日军两艘航母的两名飞行员之一，如果没有他大无畏的勇气及高超的飞行技术，战争可能完全就是日军直下美国西海岸、旧金山湾区、加利福尼亚。毫不夸张地说，迪克·贝斯特以一己之力挽救了整个太平洋战争，挽救了美国，也挽救了正义世界。

如果说粒子在宇宙中起着基本组成作用的话，如果说高能粒子、希格斯粒子在茫茫宇宙中起着几乎无形却又无以伦比的作用的话，那么反映在人类社会中就是小人物同样在质量管理历史、人类社会历史、当今大潮中起着基本的、无形的却又是无以伦比的作用。

一位小人物，一位普通的工匠，开启了现代世界的伟大进程。

瓦特曾经在伦敦一家仪表修理厂当学徒，后来成为格拉斯哥大学的数学仪器制造师，1776 年制造出第一台有实用价值的蒸汽机，蒸汽机完全改变了世界，揭开第一次工业革命的序幕。这种实际贡献丝毫不逊色于爱因斯坦的相对论。由此上溯到远古时代发现并种植五谷杂粮，以及发明了制作面包和保存食物方法的人们，他们对人类社会的影响也是无比重要的。

奥托，德国很普通的一位工程师，16 岁中学辍学，1867 年他制作的二冲程引擎在巴黎世界博览会上赢得一枚金牌，1876 年，制造出第一台四冲程内燃机，从此树立了人类迈向科技文明进步的永恒丰碑。值得一提的是，1862 年，法国一位工程师首先提出四冲程循环原理并申请了专利。这两位小人物的星光在人类文明、工业质量前行史上熠熠夺目。

1885 年，曾在卡尔斯鲁厄机械厂当过学徒，后成为制秤厂的设计师，再辗转成为桥梁建筑公司工长的卡尔·本茨，利用四冲程内燃机，研制成单缸汽油发动机，发明了世界上第一台汽车。从此，奔驰的威名显赫在地球的各个角落。

1903 年 12 月 17 日，没有任何教授、科学家头衔的莱特兄弟，成功发明制造了人类历史上第一架飞机。

从内燃机到汽车，再到飞机，世界因这些不屈不挠、永不服输、绝不放弃的小人物而彻底改变，人类的命运也随之改变。

此外另一改变世界的发明，无线电，除了原理是公认的大师麦克斯韦发现，最出名的发明人马可尼当时只是一位 20 岁的毛头小伙子。后来美国法院认为发明者是特斯拉，其于 1900 年 3 月获得专利。俄国则认为是俄国海军喀琅施塔得鱼雷学校的教师波波夫于 1886 年 3 月发明的。

电视的发明者则没有什么争议，约翰·洛吉·贝尔德，英国一电器公司的普通工程师。为了发明电视，他倾家荡产，甚至用盥洗盆、茶叶箱、马粪纸等做材料。

借助显微镜，另一位“无名小卒”德国的罗伯特·科赫医生发现了肉眼看不到的微生物、细菌，开创了微生物学和细菌学，人类的健康因此得以明显改善。

不论活字印刷机的发明者是不是德国企业家约翰内斯·古腾堡，不论赛璐珞的发明者是美国工程师约翰·海厄特还是英国人亚历山大·帕克斯，不论酚醛塑料专利拥有者是利奥·贝克兰还是别人，也不论显微镜是荷兰眼镜制造商 JANSSEN 父子还是德国镜片制造商 Carl Zeiss，这些全都是不被世人熟知的“小人物”。

我国也有许多无名小卒，在质量发展史上，他们的贡献一点也不亚于大人物。我国“两弹一星”功勋奖章获得者之一的钱学森，他对关键细节一丝不苟，要求非常严格，但钱学森特别赞扬的是酒泉基地的一位小战士。一次，这位小战士发现一根小小的白毛不知道怎么就跑进编号为24Ⅲ的插座的第5接点处，大约5毫米长。小战士很警觉，担心通电时会引起接触不良酿成大事故，先用镊子来夹，后来又用细铁丝来挑，最后居然想出一绝招，用一根猪鬃把小白毛挑出来。为此，钱学森特意把这根小白毛包起来带回北京，对广大科研人员、检测人员、管理人员进行教育。

众多影响世界的发明都是普通人创造与制作出来的，真正创造与改变这个世界的正是这些普通“粒子”。

爱因斯坦无疑是伟大的，100多年前他就预言了引力波，直到2015年9月引力波才被发现。如果没有众多科学家的努力，没有科学基础建设质的飞跃，引力波被发现还要推迟好多年。

伟大的人物把握好方向之后，伟大的工程就必须由普通人通过一砖一瓦来建造。

事实上，基本上所有的质量管理办法、体系规则，质量管理新五大工具［统计过程控制（SPC）、测量系统分析（MSA）、失效模式和效果分析（FMEA）、产品质量先期策划（APQP）、生产件批准程序（PPAP）］，以及其他数理分析工具等都是由一代又一代的普通人通过实践不断总结、不断淘汰出来的。某种意义上来说，商品的质量管理哲学就是普通人的哲学实践，质量管理工作者、生产工人、检验员等都是质量管理中的“粒子”，而质量管理哲学从产生到发展到自成体系都是由这些一粒粒的“粒子”形成的。

集科学家、发明家、政治家、外交家、哲学家、文学家、航海家等身份于一身的美国独立战争伟大领袖本杰明·富兰克林墓碑上只刻：印刷工富兰克林。

能够改变体制的往往是大人物，但在质量管理中有不少例外情形。这不是说小人物有多大的本事，而是因为质量是人类命运所在。

“二战”后美国诞生了各种质量管理理论，建立了许多质量体系和标准，在实践中也创造了世界第一的奇迹，毫不夸张地说，美国的质量管理哲学开创了人类发展的新纪元。但即便是这样，美国人所经历的质量事故和灾难也不少。人类在灾难中看到理论与实践的差距，在事故中学习和吸取教训。沙利度胺事件就是一起相当有影响的灾难事故。

1960 年，在芝加哥大学毕业又做了几年教师的弗朗西丝・凯尔西已经 46 岁了，在美国食品药品监督局做药物检查员也许多年了，一直以来默默无闻、兢兢业业做事，人生无大成就也无大财富，属于一位非常典型的小人物，即便是在今天，也没有几个人知道她是谁。但就是这样一个人，在美国乃至世界历史上留下了浓重的一笔。

正是这一年，德国格兰泰制药厂申请在美国上市新药的申请书落在她的手里。格兰泰制药厂，当时世界顶尖的几家制药大企业之一。这种治疗孕妇呕吐、恶心的药物“沙利度胺”，又名“反应停”，也可当作止痛药或者安眠药，在之前两年已经在欧洲批准上市。后来在日本和澳洲上市，一度被疯抢，全球的年销量已经超过 144 吨。但是，凯尔西了解到有一项研究记载该药对神经系统的副作用，在厂商无法提供足够信息，没有足够的资料作为证据表明该药安全的情况下，坚持不给该药发上市证，哪怕该药厂的北美总代理找了 1 200 多名当地医生让他们分发了 250 万片药物，并且组织超过 2 万人抗议声讨美国食品药品监督局不作为，凯尔西始终不妥协。

1961 年，有研究发现，加拿大和欧洲陆续出现了近万名畸形婴儿，其共同点就是母亲怀孕期间服用了沙利度胺。此后，澳大利亚人威廉・麦克布里德将孕妇服用沙利度胺可导致婴儿出现海豹肢症发表在《柳叶刀》杂志上。

至此，凯尔西的不屈服至少让美国 300 万名新生儿避免了这种人间悲剧。

1962 年 7 月 15 日，《华盛顿邮报》头版新闻《美国食品药物监管局的英雄将坏药拒之门外》盛赞凯尔西为女英雄，一位普通人拯救了美国千千万万个家庭，也让美国食品药物监管局从此名声大噪。

1962 年 10 月美国总统肯尼迪签署改革新药上市新审查制度的《基福弗—哈瑞森修正案》，此后，世界多国也重新改革药物审查制度。凯尔西，一位不畏强势的普通人，让全世界因她而改变管理体制和方式。

同年，当时的美国总统肯尼迪授予凯尔西“杰出联邦公务员总统奖”。2005 年，服务美国人民 45 年已经 90 岁高龄的凯尔西从美国食品药物监管局退休，2010 年美国食品药物监管局设立凯尔西奖，2015 年凯尔西逝世，享年 101 岁，此前加拿大政府授予她平民的最高荣誉“加拿大荣誉勋章”。

在凯尔西眼里，药品的质量和人的健康永远是第一位的，只要她在这道闸门，任何威逼利诱、任何人、任何事都不能让她屈服。

在中国，小人物在实际生活中起着举足轻重的作用，这种典型事例也不少。新冠肺炎疫情暴发以来，大家都看得很清楚，这里不再多说。下面简单介绍两个例子：

黄亦旻医生一直坐在病床边上，又是整整一宿都没有合眼，他很清楚，快 70 岁的病人多次脑中风已经行动很不便了，更加要命的是哮喘，一发作病人非常痛苦。平时，医院的多位护工以及青姨、贞姨等都会无微不至轮流照顾病人。但是病人哮喘发作厉害的深夜，激素喷喉已经完全不起作用，黄医生用针灸、按摩等办法，尽最大努力想让病人减轻点痛苦，否则病人很可能一口气接不上再也无法呼吸了。

海珠区第一人民医院拥有出色的医疗团队，尤其是张朝霞主任医师，陈谋殊、黄亦旻、杜凤其几位副主任医师及麦王向医生所在的康复科，不管是医生还是护士，以及护工都尽心尽力、无微不至地照顾每一位病人。广州海珠区许多有行动障碍的老人家在这里备受关怀和照顾，对于他们来说，其实这些医生、护士、护工的作用比爱因斯坦更重要。如果广东医院有最佳护理奖，授予他们一点也不为过。

# 第二章 虚形质维度与虚形质结构

“海军用三年就可以建好一艘军舰，而建立新传统需要300年……”英国皇家海军上将坎宁安说。

2013年3月14日，欧洲核子研究组织声称：“紧凑μ子线圈小组与超环面仪器小组已对这粒子所拥有的自旋、宇称可能会产生的状况仔细分析比较，这些都指向零自旋与偶宇称（符合标准模型的两个对于希格斯粒子的基要判据）。这事实，再加上测量到的新粒子与其他粒子彼此之间的相互作用，强烈显示这就是希格斯粒子……”

2013年10月8日，80多岁高龄的希格斯和同行一起分享了当年的诺贝尔物理学奖，并被英女王授予爵士头衔。

## 第一节 内生动力机制

希格斯机制给所有经过的粒子赋予质量的同时，也赋予了粒子能量，也即是所有物质与运动的根源。希格斯场毋庸置疑为宇宙的物质与运动提供了内生动力机制作用，如果当代主流科学家们是正确的话。

宇宙中已知可能存在并有相当证据表明探测到的暗物质和引力波实际上是一种粒子通过联合或其他有效作用行为自我产生动力机制。

人类社会具有类似的希格斯机制。对于人类社会质量管理和服务来说，这样的内生动力机制是无形而切实的，虽然探测到很困难，但一旦感触到并掌握好，质量将大为改观，提升将更有效，更能持续向前。

引力波有两个性质：不需要任何的物质存在于引力波源周围，即不会产生电磁辐射；不受巨大天体阻拦（当然黑洞例外）。

根据分形法则，在宏观上成立的在微观上也成立。引力波的发现，至少证实了一件事，宇宙中两物体相互作用，不一定需要有形的物质传递，正能量的传递也不一定需要一种可触摸、可显示的形式。

引力波的发现证明了宇宙中物质一种不同于电磁波、“有形”的、全新但也是古老的作用模式——质量运动超距、无形作用是真实存在的。

真正起到关键作用的不是什么巨星，宇宙没有坍缩是因为有暗物质、基本粒子的存在，是因为有希格斯粒子和其他许多无形的粒子的存在，是因为有希格斯场的存在。人类的世界就像宇宙的分形一样，是由于有普通人的存在，是由于有某种类似希格斯场及其作用机制的存在，一种无形的力量，一种虚形的结构存在。

人类天生有一种联合起来制胜的力量，若有灾难发生，人类立马自发组织起来、自发行动起来进行救援，如美国加州经常发生山火，居民往往是第一时间自救、互救。虽然未经组织的生产力水平较为低下，但是他们展现的勇气、意志和力量却是非常惊人的。人类改造自然的力量是巨大的，但是人类不可能随意改变大自然，人类必须跟大自然和谐共处，这里有一个斗争和平衡的问题，一个极值和最大值的问题。

那么，这个内生动力机制从哪里来？

## 第二节　共振态

科学家发现共振态是所有基本粒子都具有的行为特征，这就揭开了基本粒子运动与构形的基本原则的神秘面纱——共振。所有粒子的共振态可以分两类，一类是强子类，是不稳定的；另一类是电子类，是稳定的。所谓稳定，是指自发衰变，当然也是相对而言。

一些物理学家认为，基本粒子产生的外因是由于有物质波的交汇，在交汇处形成了波包；内因则是在交汇处发生了共振，客观上表现为共振态。

按照分形的观点，如果把个人比拟成粒子，共振是宏观世界人类之间最主要的基本运动方式，质量好坏的结果往往体现在共振态的稳定程度上。

在人类现实社会中，共振态往往表现在几个公司、企业的竞争与挑战中，并在平衡与非平衡中谋求共同发展，当然，内里的生存与绞杀是残酷的，但不管怎么样，从整个行业来看，只要环境是健康的，这样的共振态也是有利于社会发展的。

共振态是内生动力机制的源泉，也是一定阶段的结果。

非平衡发展与矛盾对立是质量系统继续前进的最好的动力。在商品经济中，已有系统的改善无疑需要有一个天然动力，这个动力就是市场经济中的竞争。在社会生产高度发达的社会里面，新动力在何处呢?

有一个极端例子，诺基亚生产的手机，就是摔、打，甚至是放到洗衣机里洗，依然可以使用，手机壳依然没有破裂，质量很好，但是诺基亚的手机还是避免不了最终被淘汰出局的命运。

太注重细节，特别是无关紧要的细节，会妨碍决策的方向、正确度。因为人力、时间、资源配置等各方面都是有限的，如果把这些浪费在无关紧要的细节方面，那么必然会影响主要的关键环节，影响质量有效性。简单地说过分注重细节的决策很可能会带来失败。

那这样是不是说明质量毫无作用呢？这实质上属于质量拓展范畴概念。诺基亚是输在使用质量方面，也就是说商品的使用价值的质量方面。如果没有了使用价值，再好的质量也等于没有质量，因为没有使用价值的产品已经不符合客户需求了。

许多商品的品质并不像表面那样完美，许多质量潜在问题必须通过仪器分析才能够暴露。表面看起来美好的东西，不等于真的是完美无缺的。商品检测，这一点非常重要，因为外观检测无法代替内在品质检验，所以质量管理一个重要的问题就是如何透过现象发现商品本质的变化，以及发现消费者潜在需求的变化。

真正做实质工作的往往是在背后默默付出的，而经常在功劳簿上出现的往往是轻轻松松地享受着别人付出的快乐，以及外界美好的钦佩掌声。质量管理同样有类似的现象，如果不通过这些现象看清方向，看清本质存在的问题，那么这样的质量管理只能是短暂的，这样的质量管理永远走不了多远，因为它揭示不了事物本质，也改变不了商品质量。

在诺基亚手机帝国崩溃的时候，共振平衡已被打破。待到苹果、三星、华为成为主角，新的共振态又开始建立。周而复始，这种由于市场竞争带来的内生动力无穷无尽。

质量管理生而不平等，但是它追求的却是平等。什么样的平等？双方的平等。什么样的双方平等？一是客户对质量的要求，二是这样反过来影响了客户的需求。这就是质量的共振态平衡。

共振循环：原始共振态平衡—接受外界共振激励—引起内部共振失去平衡—形成新的共振态平衡。

详细一点描述，在一个原始共振态平衡圈 A 中，如果感受到外界 B 的信息、能量、物质等，有可能会引起 A 中的部分分子 A1 首先出现共振，与外界 B 结合或者合作，形成 A1B1，在内部产生新的不平衡，然后有可能引起内部的新共振出现，最后形成新的共振平衡，以及新的共振态 AB。

简单地说，质量发展的动力来源就是原始共振态通过共振循环形成新的共振态。

比如，20 世纪中国很少有比较先进的检测仪器设备，一个专业部委级单位，只有两台进口扫描电子显微镜，还是下了很大的决心才购置的。许多检测工作都缺乏装备，检测项目都开展不了或者开展得相当困难。如曾经承担过全国 80% 以上进出口商品检测业务的广东，对于高精尖检测仪器的需求十分迫切。针对此现状，本书主要作者之一就亲自采访了广州市仪器行业协会，了解近 50 家有自产开发仪器装备能力的企业现状，以及近百家进口仪器设备的中国代理企业，当中企业涉及生物、化学、环境、食品等领域。经采访后发现，国内高端仪器设备产业，仍处于起步阶段。仪器制造的发展，多数情况下，是先由贸易经商的企业开启的，它们熟悉进口产品以及应用市场后，才开始进行研发生产制造。举个例子，广州皇河仪器科技有限公司（即相当于原始共振循环的 A1），承担国外多个一线品牌的销售和售后工作，历经 10 年后，就启动了科学仪器的研发生产制造，成立了一家以人工智能成像为核心竞争力的细胞应用领域的仪器开发公司——广州牛顿光学研究院有限公司（即相当于原始共振循环的 A1B1，是新的共振平衡、新的共振态 AB 的引领者）。历经 5 年，这家公司也仍处于起步阶段，批次性的产品质量一直是困扰此公司的一大问题。这涉及供应链的稳定，以及公司内部质量体系完善的问题（至今尚未形成新的共振平衡，仍在努力）。

做任何事情都必须做好，如果没有做好，还不如不做，这就是质量管理哲学的精粹。

做人要有骨气，做事要有骨髓，质量要有声色，质量管理要有持续。

专业的事情要由专业的人士来做，专业需要自由的创新，这才是质量提升的最根本要素。好比苹果的乔布斯，靠个人的智慧，轻易地把诺基亚整个手机帝国摧毁了，根本不需要任何市场调查与营销，更不需要哗众取宠的策略。

共振态在质量管理实践中最主要的表现形式就是非线性合作控制。

## 第三节　虚形维度

### 一、虚数与虚形维度

虚数早先是由 17 世纪笛卡儿创造的，原意是不真实存在，也是指没有表明具体数量的数。

在数学中，$Z = a + b \times i$，其中 $a$，$b$ 是实数，且 $b \neq 0$，$i^2 = -1$。$a$ 是实部，$b$ 是虚部，$Z$ 是虚数。

虚数从创立之初，就有着绝大多数人无法理解但又真实存在不可缺少的重要作用。准确地说，不是笛卡儿创造了虚数，而是他以一个伟大哲学家的敏锐洞察力发现了虚数。

直到后面的几个世纪，人们才逐渐懂得虚数的重要性和必要性。

虚数与实数一起构成复数，复数对应欧氏空间平面直角坐标系的每一个点，并构成了复平面。复平面对宇宙的真实解构具有非常重要的意义，也是地球坐标系的最重要组成部分，同时也是工程建设、数控技术、机械制造、交通运输等诸多领域的基本工具。

在现代物理学中，几乎所有领域都离不开复数。比如，振动和波，这些相关公式需要用复数才能表达。

在最新科技领域，虚数已经成为微晶片、数字压缩算法设计等领域的最基础工具，同时，虚数也是量子力学的理论基础之一。

虚数的思想和虚形质（也称虚形维度、虚形质维度）的本质是一致的。

暗物质能量场和引力波在宇宙进化史中实际上显示了人类一直以来朦胧意识到却没有认识到的一种新的维度，如果说空间是第三维，时间是第四维，那么虚形维度就是第五维。这个维度无处不在，特别是有了生物和人类后，这个维度进化到一个能左右宇宙发展的高度，但人类显然对此未做好迎接的准备。宇宙中已知可能存在并有相当证据表明探测到的暗物质和引力波实际上也是一种虚形维度。因为在极小的世界，虚形质和实体是相统一的，没有绝对之分。虚形维度的构成，可由实形世界极小的粒子组成，在相对与绝对中交替变化，这其实就是量子纠缠的物理原理。虚形维度在企业组织里直接表现为企业文化、组织机制和行动统一体。有这么一个故事，可能在某些细节上有些争议，但真实存在。1963 年 5 月 21 日，Don Fryer，福特副总裁，带着花了 300 多万美元调研制订的收购计划和福特二世（老亨利·福特一世的孙子）力图重振福特雄风，与一众高管抵达意大利马拉内罗，和当时已统治世界所有赛事但遇到极大财政危机的法拉利公司创始人恩佐·法拉利及几位律师谈判，准备签约收购法拉利。但出乎所有人意料，当恩佐·法拉利看到合同中的一句话，“每项车队预算如果超过 4.5 亿里拉，恩佐就必须向福特提出申请”，马上在旁边写下“不可接受”，随即拂袖而去。据说背后还抛下那句让福特二世认为自己受到极大侮辱的话，“他远不如他的爷爷伟大”。

而传说更让福特二世感觉受辱的则是恩佐私下和福特公司当时的副总裁李·艾柯卡谈及的另一句话，“这家伙只是个富家子弟，只会卖汽车，永远不懂汽车（汽车的灵魂和追求在于速度，而要达到极速，必须有可靠的质量，尤其是在法国勒芒 24 小时全天候耐力赛中）”。

福特二世因此受伤极深，决定不惜一切代价在汽车的灵魂事业上彻底打败法拉利。之后福特花了三年时间，狂砸 3.6 亿英镑（当初收购合同中注明只需出资 1 000 多万美元），终于成功研制出 GT40，一举终止法拉利在顶级赛事中的六连冠，并逼使欧洲人重新修订赛车规则，美国人造车从此站立在世界极速之巅。

拥有赛车冠军头衔的恩佐·法拉利无疑是伟大的，他明白质量与虚形维度（汽车真正的灵魂和追求，法拉利的标志就是腾空而起的骏马）之间密不可分的关系，并且以此激励了对手，当然还成功与菲亚特携手。喜欢羞辱或者说是激励人的恩佐·法拉利，还为自己培养了另一位一生一世的对手——兰博基尼，汽车界因此又多了一个传奇。

“二战”时，费鲁吉欧·兰博基尼是意大利空军机械师，在战争结束后回到意大利北部的费拉拉省成为一名年轻的农用拖拉机机械师。但他十分喜爱法拉利，当他驾驶法拉利 250 GT 的时候，离合器出现故障，从而失控误伤观众。他向恩佐·法拉利投诉，但没想到，这位法拉利创始人，曾经的赛车手反而挖苦说费鲁吉欧是个农夫，只会驾驶农用车辆，根本没能力驾驶法拉利跑车。这句话深深刺痛了费鲁吉欧，他自己在公司仓库里找到了一个合适配件，解决了 250 GT 的离合器问题。从此，极为热爱跑车的费鲁吉欧开始了伟大的事业。不知道后来的恩佐·法拉利有没有后悔过自己培养了一个伟大的竞争对手？

后来的兰博基尼总裁说起费鲁吉欧时说过这样一句话："生产世界最佳赛车是毫无意义的，因为人们只会记住赛车手。但若你能够生产出世界最佳汽车，人们会永远将它们铭记于心。"

只有那些真正理解并把控了虚形维度的组织，才能产生内生动力机制。

## 二、 虚形维度的例子

WiFi 可以说是虚形维度典型的例子。采用无线电波进行双向传输，无线电信号由 WiFi 天线发射，又被 WiFi 接收器接收，这样就形成一个无线的，具有更高带宽、更强射频信号以及更低功耗的无形网络。

现实中的虚形维度包括：太阳能电池，把光能快速转换成电能，然后存储起来；路面装上电磁感应线圈，整条公路好像一个充电宝，由于新的无线技术应用，电动汽车随时都可以充电。

互联网就是非常典型的虚形维度。它的载体和质量可以说是有形的，但它的内容和建立的许多质量方式都是无形的。

气场、波、能量、思维、意识、精神、经验、技巧技艺、感觉、感情、知觉等都属于虚形维度。

大自然是伟大的，她不仅仅创造人，而且更重要的是创造了一种独立于实物形态的物质以及人类意识之外的东西，即气场、磁场、生物磁场、能量等。

看不见才是最恐怖的，这反过来说明了无形的力量。问题在于人类更有深度的思维是怎么样的呢？

有些领导不管是出外还是在单位里都认为自己有独断专行的权力，

这是一种无形的控制力，或者是领导力。但他们往往忘记了，这只不过是组织和人民赋予的权力，和虚形维度里面的虚形结构力完全不同。人类所具有的力量、朝气、引领力、感召力、纽带力、立体网络合控力等，才是虚形维度里的虚形结构力。

人们通过特定的实验发现，红毛猩猩基本上都能够利用工具来解决问题，比很多人类的幼儿都聪明。但是它们不会制造工具。所以说人类的集体智慧文化传承非常重要。在夏威夷一家酒店被当作观赏动物的一只夜鹭，它争不过体形较大的天鹅，但它居然会用面包当诱饵来捕鱼。鲸鱼是集体捕食的动物，能够通过集体行动拍打海浪击碎冰川来捕捉海豹。

这些能力究竟是怎么拥有的？来自传统的继承？其实说白了也很简单，这些都来自虚形维度以及群体产生的虚形结构。

## 第四节　虚形结构

1968 年，用杨—米尔斯理论来解释强相互作用出现僵局，以亨利・肯德尔、杰里・弗里德曼为代表的一些物理学家做了一系列关键性实验，通过斯坦福直线加速器让高能电子轰击质子和中子，结果发现核子内部存在结构。

### 一、 虚形结构

1941 年 5 月 29 日，对于英国皇家海军来说，是一个悲惨的日子。由于克里特岛战役的失利，皇家海军必须承担着自敦刻尔克大撤退以来，又一次大规模的撤退任务，要想方设法让 22 000 名英国陆军士兵登船撤退。仅仅只是一个上午，皇家海军就损失了“希尔伍德”号、“代朵”号和“猎户座”号巡洋舰，以及“诱敌”号驱逐舰。尤其令人痛心的是，“猎户座”号上的 1 100 多名军官士兵，有 260 人当场被炸死，另有 280 人受伤，舰长本人也英勇牺牲了。当时的形势非常残酷，强大的敌方空军占据了绝对的空中优势，英国皇家陆军面临严重威胁，空军却无能为力，而英国皇家海军已经筋疲力尽，被炸得体无完肤。有人因此建议海军应该即刻放弃任务。在这种生死攸关的时刻，英国皇家海军地中海舰队司令坎宁安上将认为，抛弃陆军有违历史传统，他说："海军用三年就可以建好一艘军舰，而建立新传统需要300年。应该继续协助撤退，即营救陆军。"

这个需要300年才能建立起来的传统，就是虚形结构！并且是正向的虚形结构。它不会因为某个人逝去而消失，因为它存在于皇家海军的骨髓里。

它不只是一种决心和精神，而且已经形成了一种集体性的、结构化的、无形性的、真实存在的机制，或者是结构性的虚形维度，平时也许看不见摸不着，好像没有任何存在的必要和价值，但在关键时刻却起到决定性作用。

## 二、 虚形维度理论体系

（1）复系统：是指这样一个系统，不是单一的元素，也不是单一的结构组成。

在现实中，复系统包括各类人的复杂行为因素，以及由此形成的复杂机制。

复系统发生作用的关键是虚形维度实化，一是维度的度量，二是虚实相互转化的公式，三是实际转化例子。复数里面有这样一个理论，虚数映射后，实部能更好地扩大其影响力。

（2）公论：所有物质要形成一个复系统，背后必须有虚形维度来维系。

（3）推论一：如果是有质量的运作归于虚形维度所形成的有效结构。

（4）推论二：虚形结构的有效性（正向）决定了组织的质量提升。

（5）推论三：高能粒子可以由普通粒子通过场或能量激发形成，所以高阶质量可以由低阶质量通过虚形维度的吸收和利用达成。

（6）推论四：虚形维度的有效吸收和利用是组织长期生存与发展的决定性因素。

（7）推论五：组织的高质量发展主要是实体所对应的虚形维度和实体的有效融合，即正向虚形结构的建立，或称凝聚结构。

比如现在国家加快推进的新一代交通控制网和智慧公路就是一个现

实中的虚形结构应用例子。这一虚形结构的建设包括六个主要方面：基础设施数字化、路运一体化车路协同、北斗高精度定位综合应用、基于大数据的路网综合管理、“互联网＋”路网综合服务、新一代国家交通控制网。具体来说，智慧公路将应用5G通信和人车路协同综合感知体系，使自动驾驶成为现实；移动式无线充电、路面光伏发电，使电动车随时可以充电；桥梁、隧道安装自动预警机制，像九江大桥突然断裂车辆掉入江中的惨剧不会再现；公路上跑的车完全实现智能化管理，将具有智能、快速、绿色、安全等特点。

## 第五节　虚形结构与质量管理

个人做事的好坏，决定了这个人今后的命运；公司企业质量的好坏，决定了公司和企业的命运；一个国家，国民普遍的做事态度和质量，往往决定了这个国家的前途和未来。

质量决定命运，而决定质量的则是虚形结构。

“二战”的时候，德国的著名虎式坦克曾经碾压欧洲的战场，但是有一个致命的缺陷，就是按照德国人的传统（虚形质结构），严谨细致的工作态度，生产意识较真较强，生产流程都非常复杂。这样坦克在被打坏的时候是很难修复再造的，由于操作较复杂，坦克手也需要更长时间的培养。反之苏联的T34坦克不仅综合性能优异，而且被打坏后能够迅速修复并重新投入战斗，这也是苏联人按照当时战场特点设计的虚形质结构。

日本人在各方面都很有野心，做事情也能够认真钻研、深入思考，但是从根本上来说，日本人的质量思维，更多的是服务于自己的野心，而不是为了客户或人类的利益。这种虚形结构决定了日本人就是表面功夫做得很好。

日本人经常爱说的一句话就是“对不起！给大家添麻烦了”，初听这种道歉感觉很舒服，特别又是点头又是哈腰的，但仔细一回味就不对劲，他们绝对不会说“真的非常内疚，我实在不该这样做！让你们受到如此损失，我下次绝不会这样了”。在日本人的口里不会听到发自肺腑的对自己的责备，因为他理所当然认为他是高高在上的，只有你为他服务，他不得已才会说一句给你添麻烦了。

所以，日本人能够比较容易地雄踞世界前列，但是很难持续走下去。这是小国国民意识决定的。“二战”时期，日本人的武器装备和飞机就存在致命的设计质量理念，表面上看起来很厉害，比如零式战斗机，小巧灵活，速度快，爬升转弯都很迅捷，航程远，当时盟军F4F野猫和P－40等主力战机望尘莫及。一开始的较量让盟军大受损失，节节败退，日本的250余架零式战斗机毁灭了美军在太平洋地区三分之二的空中力量，完全掌控了制空权。但不久，零式战斗机在美军面前就成了待宰的羔羊。究其原因之一，就是零式战斗机本身的缺陷所导致。

零式战斗机的发动机在高速俯冲状态下易熄火，而俯冲过快则易解体。为了机身足够轻以实现快速爬升转弯，飞机没有自密封油箱，甚至连自动灭火装置也没有，装甲保护更是省掉了。

1943年，美军推出新型战机“地狱猫”后，特鲁克空战中的零式战斗机被美军戏称为“被猎杀的火鸡”。

虚形维度思想揭示，之前的质量管理是质量检验、统计质量控制、全面质量管理，将来将出现全息系统智能质量管理。

如何把巨大的能量开发出来，一靠坚强的组织核心，二靠虚形架构和动力机制。虚形结构可分为两种完全相反的结构，耗散结构和凝聚结构。

## 一、耗散结构

挑战者号灾难发生后，NASA狠下决心做出了许多重大变革，但实际上在组织文化与管理结构上没有根本彻底的改变。2003年灾难再次发生，哥伦比亚号事故调查委员会认为，NASA远未能从上次事故教训中改变，比如没有设立能够独立作业的安全监督机构。“NASA对罗杰斯委员会的回应并没有达到委员会的初衷”，“造成对挑战者号（事故）负有责任的制度失效原因并未消除”。

在英国帕丁顿高速列车相撞事故中人员伤亡惨重，该车本已拥有的最多最好的自动控制措施在那一瞬间均失灵，这是因为没有形成有效的质量凝聚结构。

中国21世纪初发生了一系列食品药品事件，以及宁波动车事故、上海地铁事故等，造成这些事故的原因是多方面的，但没有形成有效的系统管理机制和虚形结构是根本原因。

中国的总体质量目前处于一个关键的十字路口，明智的人会意识到，目前状况不是一般的艰难，而是相当的艰难。这主要是因为意识和无形架构及机制未形成，还需要大力发展系统技术、综合技术系统管理、系统技术网络等。

## 二、凝聚结构

当福特总裁艾柯卡被请到濒临死亡却依然拥有 65 万名员工的克莱斯勒公司时，他做出了一个惊人的决定，就是把自己的年薪减至 1 美元，这种做法在美国乃至全世界都没有先例。克莱斯勒公司长期以来就以铺张浪费、奢侈享受出名，这时候，所有的高管、所有的员工都非常震撼！但是，艾柯卡的表率就是最好的命令，同甘共苦，共患难共生死，榜样的力量是无穷的。销售、财务、人事、后勤、生产等各部门都被彻底整顿与改造，并大力推进重点车型质量提升，1982 年“道奇 400”新型敞篷车和稍后的 K 型车面世，立马让克莱斯勒公司重返销量第一宝座。

艾柯卡为克莱斯勒公司创造了什么？创造了一个伟大的虚形结构。

“二战”结束不久，许多国家亟须恢复经济、重振质量，但当时普遍认为，生产越多，质量问题越多，而质量问题越多，生产率将下降，导致成本越来越高，这已经是一个生产悖论。

爱德华兹·戴明博士向世人证明了这种质量观点是完全错误的。戴明博士以他精深博大的统计学专业素养指出：“质量是一种以最经济的手段，制造出市场上最有用的产品。一旦改进了产品质量，生产率就会自动提高。”同时，戴明博士强调，再多的质量检验也改善不了质量，必须改良制造过程。他说：“停止依靠大批量的检验来达到质量标准：检验其实是等于准备有次品，检验出来已经太迟了，且成本高而效益低。正确的做法，是改良生产过程。”

这种所谓的停止检验的做法，初期无疑是正确的，但也为后来日本企业大量的检验作假提供了理论基础，这是一种虚形结构的意识。这种虚形结构也是今天日本产品、日本制造滑铁卢的一个根本原因。

“二战”后，日本作为一个战败国，亟须重振雄风。只能从经济、科学、市场等方面入手的日本高层精英人士认真研究了美国各种新出的质量管理理论、标准、方法，但仍一筹莫展。后来戴明博士到日本讲了八天课。戴明博士说，只要日本能够建立起自我的、有效的质量管理机制，五年内必然超过美国。

与其说戴明博士传授给日本世界最先进的质量管理理论，不如说他告诉了日本要建立一整套凝聚结构。

正如一样备受世人推崇的“戴明博士质量管理十四条”中第十四条所言：“创造一个每天都推动以上 13 项的高层管理结构。”而真正能做到的非凝聚结构不可。

戴明博士的质量管理十四条实际上已经是如何建立正向虚形结构的雏形。当日本人虚心地把他的哲学思想奉为教科书并在实践中升华的时候，日本不到 30 年时间就成为世界经济第二强国。

作为日本制造、日本质量最高水平代表的丰田汽车的第二代掌门人丰田章一郎非常感慨：“我没有一天不想到戴明博士对于丰田的意义，戴明是我们管理的核心，日本欠他很多。”

日本取得了巨大的成就，一跃成为经济强国，但始终保持谦虚的态度。

曾经老一辈的科学家、工程师、建设者花了多少心血、汗水，就是为了抹掉新中国的一穷二白。但他们自己得到了什么？他们从不骄傲，从不自满，这是他们学习、工作的态度。

干扰是质量外部的大敌，骄傲则是质量内部的死敌。

《今日美国》毫不讳言，极尽赞誉：“戴明管理哲学是日本经济奇迹背后的驱动力。”

这个实质上就形成了日本质量管理界的虚形结构，这种正向的虚形结构一旦形成，日本人的生产管理立马就焕然一新，整个世界都不得不为日本商品让出最中心的位置。

## 三、确立虚形结构

当年毛主席和周总理就以“十六字”指导方针要求中国的航天事业，“严肃认真、周到细致、稳妥可靠、万无一失”。

这里的周到，即全面质量管理，但光有全面质量管理还是远远不够的，这也是为什么中国坚持了几十年的全面质量管理，但质量还是难以提升的原因。全面质量管理之后还要细致，具体到每一个环节，深入下去，仔细考察、仔细分析、仔细权衡、仔细操作、仔细反馈、仔细纠正等。没有细致，全面质量管理就会流于表面。

除此之外，还要稳，急躁是不行的，哪怕水平再高制度再好。中国有句老话，小心驶得万年船。在国内市场经济大潮下，人们急于求成、急于出效益，怎么能够保持稳妥就是非常关键的一个问题。

最关键一步就是排除干扰，保证质量就是要排除干扰。

对于一个初诞生的体系来说，保证质量就是排除没有质量意识、没有质量机制的干扰。

对于一个正在成长的体系来说，保证质量就是排除体系僵化、机械执行的干扰。

对于一个成熟的体系来说，保证质量主要就是排除大人物的干扰。

对于一个面向未来充满朝气的成功体系来说，保证质量就是排除无法建立虚形结构的干扰。

排除干扰之后是不是就能稳妥可靠了呢？这只是第一步，还有千锤百炼，还有工艺流程的成熟，还有技术创新……

无形架构、机制，涉及核心和组织，如何把巨大的能量开发出来，一靠坚强的组织核心，二靠无形架构和动力机制，像NASA 那样的管理体制弊端必须避免。管理机制出现问题，必须有一个无形的自我监督、自我纠正的机制。精神、感情、兴趣、爱好、愉悦等无形力量不可忽视，这些都是虚形结构。如果需要达到某一层次，虚部实力则是决定性的。虚不是没有，是近似无形却真实存在，并且起到不可或缺的作用，特别是虚形质，起到决定性作用。

## 四、 高质高效的虚形结构

我们首先看一个反面的例子，某建筑集团作为国内首屈一指的房地产开发大企业，拥有许多业内资深的专家和技术人员。在这样一个系统下，如果通过正常的途径（比如质量体系评审），很难考察到他们真正所拥有的嗅觉和实力。而这种嗅觉和实力其实是他们整个质量管理水平体系所必须拥有的映射能力或者是辐射吸收能力。

有一次，某人向某建筑集团的技术总监递交了一份非常好的新型建筑材料发明专利（已经取得专利权）的详细材料和大量的图纸。如果能用上这个专利，整个建筑施工和设计都会得到革命性改变，建筑质量也会得到根本性提高和保障，因为它的设计原理考虑到每一个部件、每一块板材、每一根钢丝、每一个钢结构。用计算机软件来计算建筑物的受力，无法考虑到若有一个凸出点所带来的力的副作用。这是目前中国建筑界，没有考虑到也很难考虑到的一个潜在问题。这就好比一个鸡蛋，它可以经受比较大的压力而不破碎，但如果在蛋壳上面有一个小凸起，就很难保证这个鸡蛋依旧能够承受同样大的压力。它甚至可能因为这个小凸起，就轻易地被压碎了。高层建筑或者大型建筑在施工时，能否保证没有任何小凸起？这就是非常专业的技术和质量问题了。

一般来说，具有丰富实践经验的工程技术人员，本应该对“鸡蛋上的小凸起”这方面的问题有所感悟，但一个月后，这位技术总监却“研究”得出结论：“看不懂。”姑且不论这样的发明专利能否真的有效，但是从该集团的反应来看，明显就是缺乏一种强大的虚形结构辐射能力。因为他们的一切生产开发经营能力，都来自且仅来自正式组织结构。说白了，如果不是上面的吩咐或者是命令，对他们来说就可以置于一边。

其实，这样说一个组织和机构可能不大好，也很难理解。可以将组织或机构看作一支足球队，如果球员对足球场上发生的情形不能做自我判断，那么这样的球队的水平就不怎样。

金检历史上曾经集中了一批各行各业检测技术的精英，他们一开始并没有什么实验可做，当年只能用钢板来做垃圾铲以修炼技术、技能。从当初的“毫无经验”的小人物，到后来独当一面的领导、执守一方的将才……到完整质量体系和运行机制的建立。这样的运行机制一旦成熟，就具备了迅猛发展的态势，金属检测技术开始扬帆起航、快速成长。

20 世纪 90 年代，正好是国家大力投入基础建设的迅速发展时期。由于广东作为外贸窗口，当时金检年检验批、吨、额都长期占据全国同行业务的 80% 以上，人员结构和技术结构日趋成熟，不仅拥有跟踪世界先进检测技术的朱教授回国任总工，而且拥有一批经验相当丰富的材料检测领域的高级工程师，以及一批年轻有为、好学上进的物理、化学、金属材料专业的精英，还拥有黄民光率领的一批年富力强的扦制样技术人员。金检在组建之后短短十年就初步形成了全国质检系统第一品牌、顶级质量管理体系和监督管理机制。

金检当时拥有多项行业的第一：在全行业第一个和发达国家大公司打官司而赢得了官司；第一个拥有了扫描、电镜等高精端检测设备；第一个拥有了完整的金属材料检测技术能力，能够检测全球所有钢号；第一个拥有了完整的进出口各类主营钢材的制样能力，能够加工和制作非常复杂的金属样品，如锅炉管、矽钢片，质量效率可谓全行业第一；全国第一批通过国家认证认可监督管理委员会的认可认证；国内第一批通过亚太实验室认可合作组织的认证；第一批通过中国合格评定国家认可委员会的认证……为当时中国诸多重点建设工程材料把关。

虽然，金检人都是质量管理界、社会上的小人物，但是，金检成就的质量辉煌却是这个时代的骄傲。

金检的成就是每一位金检人努力奋斗、克服困难的结果。它的开拓和创新都来源于国内初创的摸着石头过河的领域，但最重要的是，它的虚形结构的建立和发展，这是一种基于强有力的正式组织结构又自发形成的虚形结构。这样的结构，更多地来源于上层的人性化管理、躬身力行。在他们眼里，讲究的不是有多高的职位，拿到多高的待遇，而是为社会做了什么，奉献了什么。

金检，在时代的推使下顺应潮流走向辉煌，成就高端质量把关实验室。

金检曾经有着高质高效的凝聚结构。这个凝聚结构有四个特点，一是金检几位处级领导在整个系统里都有着相当高的威信，经常对下属嘘寒问暖，耐心听取不同意见，上下交流几乎零障碍，组织的向心力、凝聚力强。刘经来，专业知识深厚扎实，做事周到细致、严肃认真、一丝不苟，坚持原则，绵里藏针，遇到大事不糊涂；黄丰生，专家中的专家，知人善任，作风民主，礼贤下士；朱佰兆，总工，专家中的大专家，工作中的严谨与生活中的不拘小节浑然天成，她在金检的作用、在20世纪八九十年代全国金属材料检测中的作用好比定海神针；黄副主任，集美丽与智慧于一身，事必躬亲；后来执掌二代金检的薛主任，作风民主，喜欢与工人师傅、年轻技术人员打成一片，善于管理，抓大抓重点，信任下属，善于激励下属，充分发挥每个人的作用。当然他们中还有一位重量级人物，中央电视台焦点访谈曾专访两次，这里就不用多说。基本上质量管理主体形成了非常优秀的共识、精神、专业、执着，这些都是虚形维度。二是知识分子和高技术人员的团结协作，经常听到几位老高工（张运祥、黄梅富、凌淑娴、俞福新、郑芝茂、蔡秋霞）及以坤、宋为代表的年轻高工（后来都是二级研究员）和牛哥、象哥探讨交流标准、抽样、制样、合同评审、合格评定等方面的问题，还有化学检测专家静姐（梁静）、陈工（陈平）、魏姐（魏暹英）等经常过招，当然还有知识渊博、实践经验丰富的“吴叔叔”（其实当时只有三十出头，但老成稳重，专业能力超强）。从小伊、小关、阿玲报检伊始到合同评审下单，到扦制样科外勤抽样，然后回来高质高效制备各种样品，分发到对应的化学科、物理科、金相组，最后回到综合科那里汇总，并安排人手制证等，这是典型的一条龙作业，上一道工序对下一道工序有交代，下一道工序也对上一道工序进行初步的检查，整个运行过程充满了活力与协作，形成了无障碍交流机制、互相学习互相探讨机制。三是整个组织背后是理想信念、正义正气、公平公正公开，因为大家相信自己正在从事的是一项为国把关、为民服务的高质素事业，用一句不算太夸张的话说，即使码头再吵闹，只要牛哥一声吼，码头都会抖三抖，一切复归安静。四是同时具有高科技、高技艺、丰富经验和一流质量管控能力。比如有着大侠称号的李工，后来晋升为研究员，在协助广钢等大型企业出口产品质量把控及抽样国家标准制定方面做出了功不可没的贡献。最早在全国系统内从事质量体系认证认可的评审专家，后来成为系统内著名的权威，以及后来长期从事失效分析的灵魂人物研究员谭莹（第二代金检人的最重要主将，甘于默默无闻，为国内诸多重点建设工程材料把关、为诸多企业难以解决的质量失效疑难问题解决立下汗马功劳）。由牛哥、象哥两位领导下的“动物园”（钟沛余、张庆安、俞海、张东明、廖高阳、陈伟新、宋永胜等年轻技术师傅分别以不同的动物作为外号。比如一位叫猫，是因为他的眼睛像猫眼一样神奇，总能一眼在一大堆钢卷中看到缺陷，珠江钢琴厂进口的琴钢丝基本上由他把关，一丁点黑斑他都不会放过）。张敬清、陈钜强、老汤、李永安、胡宝驹、张永强等老资格拥有丰富的行业经验。还有多种特级资格的大师，以及力学性能检测大师，如陈明、潘博士等。当然还有一些这里不便提到的关键人物，对金检质量的贡献更是举足轻重。而这些更多不是体现在书面材料或表面材料上，而是一种渗入骨髓里的内在能力和解决复杂问题的能力。

## 五、 虚形结构运作

金检的检验质量又是如何做到覆盖整个广东口岸二十多年、占全国三分之二的金属材料进出口量，而无一批因为质量问题而导致官司或者是客户申诉的呢？总体而言，金检完全遵循系统零缺陷原则，金检出具的索赔证书经得起历史和时间的检验。

曾经有这样几个真实的故事，从侧面说明这个虚形结构是如何建立、如何运作的。

金检一位新员工，做什么事都小心翼翼，但还是出现了一次报检事故（不是质量事故）。有一天，这位新员工刚午休起来准备工作，被当时的主管副科长龙工叫到跟前，龙工没有一句责骂，也没有一句多余的话，只轻轻说了一句："本来以为你做事稳妥，没想到我打盹了，你也睡着了。"

就是这样一句简简单单的话语，比一千句一万句责备还管用，新员工牢牢记住这句话一辈子，也记住了这位非亲非故的兄长一辈子，以后每当遇到困难，总是想到这位兄长在身边。

金检是全国最早开展进口废旧金属检测的机构，有很多事情都必须摸着石头过河，既要符合国家环境保护政策，又要充分照顾到某些短缺商品和材料的国内企业及用户的需求，这样决定了其中的工作质量非常考究。这种考究往往每一步都离不开小人物扎扎实实的工作，甚至是有一定风险的劳动。

行财部门负责人石领导，一位美丽、优雅的女性，性格豪爽，工作起来认真负责、雷厉风行，更主要的是敢于为下属讨公道。有一次，她找到金检新进来一年多的一位职员，说："你知道你的工资被少算了许多吗？"然后帮助这职员讨回薪金。对比起来，有多少企业管理层会帮基层一线人员主动争取工资？金检人的工作积极主动性完全是发自内心的，工作质量、效率因此得以真正保障。

质量不是从天而降，质量工作往往是从最基本、最简单的123开始，那些所谓的更先进的体系管理，如6S、军事化严格管控，为抓住科学质量管理的命脉，打开了一劳永逸的大门，殊不知却是丢掉了一些最基本的原则、最人性化的服务。

复变结构、凝聚结构、虚形分析是虚形结构建立和运行的主要内容。如港珠澳大桥开通后，其他经济及周边配套的无形影响可纳入虚形分析。又如航天飞机有一层隔热层用来消融高温及防止信号损失，这也是两种虚位能量场，由实位对应，构成一个良好的复变结构。生产汽车不仅是生产车体本身，还需要不少无形虚空系统，如安全保养、维护、导航、汽车复变场控制等都属于虚形结构内容。

虚形结构离不开组织的真正能力。如果决策正确，那么剩下的就是干部问题。好的干部能够把握好决策的方向和拥有执行决策的能力。这种能力实际上不是简单的组织赋予就可以拥有的，只有实现了虚形结构，才是拥有了持久凝聚能力，和无法更改的前进力量。质量系统能否得到真正的改善和提升，相当重要的一个因素就是虚形结构，虚形结构如果能够更好地发挥作用，完美的质量系统就实现了一大半。

虚形结构更离不开强有力的后勤保障能力，正如现代战争的决胜关键就是后勤保障。金检的后勤保障不必提领导的重视和关怀，也不必提以“石美丽”为首的高效高质执行团队，仅仅只提黄姨就可以明了。黄姨主管金检早、中两餐，能够真正当好饭堂的管理者并不简单，因为众口难调，但是黄姨做到了，并且让大家都赞不绝口。

有了组织还不行，必须要有无形的机制、无形的监督、无形的纠正、无形的活力与激励等，一句话，凝聚结构的确是关键。

第二代金检人以国务院特殊津贴获得者（之前第一代总工朱姨是第一位）宋教授（二级研究员）为杰出代表，在金检的培养下成为第二代两位最重要的技术专家之一（另一位是曹博士），是X荧光、X射线衍射分析大师，是原质检系统总局授予的金属材料检测重点实验室首席专家。宋教授不仅仅解决了许多实际问题，而且代表中国在美国化学年会上发言，很好展示了中国的金属材料检测实力和形象。《中国国门时报》对宋教授有专门的整版深入报道。

只可惜，金检的辉煌就此打住，探究其中根本原因就是金检的凝聚结构并未能真正建立。花了十多年时间建立起高质高效的虚形结构，却存在着一个先天缺陷，就是必须完全依托正式组织。

# 第三章 虚维决定论的数理解析

$E_{\lambda} = apE/L$

## 第一节 虚形理论基本概念

1. 虚维

虚形维度或称无形维度。

2. 虚形质、虚形维度、虚形空间

虚形质，或称无形质，非传统实体，不存在于特定空间，也不受制于时间，和真实空间、时间正交，由此构成一个质场维度。虚形质也简称质，质场维度属于虚形维度的一种。

在真实世界中，虚形空间可以具体包括：

情感类：忠诚度、感情、归属感、爱憎、激奋、喜怒哀乐等；

思维类：人类思维、动物思维；

技艺经验类：手工艺、音乐、美术；

气场类：正气、正能量、负能量、潜能；

能量类：势能、动能、热能、光能、电磁能；

信息类：密码、信号、电报、微信、微博等；

高能粒子类：此处略。

3. 质场强度、质场感应（流效）强度

质场流主要考虑下面影响因素：质量数是物理概念，宏质量数达到一定层级时形成质场流，质场流变化率为可估算值，可用层级数或因子数表示。

质场流可以考虑下面这些主要变量：活动、机、物、客观环境；法律法规、体制机制、经验、思维意识、情绪等。

质场流的衡量指标由质场感应频率、质场流效来表示，可以由宏质量数、层级数、质场流量、流幅等来度量，重点在于变化率或变动级数的比较，不限于数量上的具体测算。比如法律法规，如果增加或减少了一条，也可能引起变化导致质场流效发生变化。

质场感应频率简称质场频率，指整个质量场区域的变化频率。

计算出质场感应率，以此作为质维测度。类似于时间的小时、分、秒等单位。这就是虚形维度的概念。

由此产生一个新概念，质场感应强度，或简称质场强度，用以衡量质场强度的大小。

质场感应（流效）强度简称质场强度，指质量场上的宏质量数作用流效果程度，或质量场有效宏质量数。在一个简单的质量管理体系下，可以质量分值来代替，即将产品总数扣除有缺陷产品数，这里用 $H$ 来表示。$H$ 是一个有方向的矢量。

## 第二节　对应数理概念、公式和实际意义

1. 拉普拉斯变换

拉普拉斯变换是对于 $t \geqslant 0$，函数值不为零的连续时间函数 $x(t)$ 通过关系式 $X(s) = \int_0^{\infty} x(t) \mathrm{e}^{-st} \mathrm{d}t$（$-st$ 为自然对数底 e 的指数）变换为复变量 $s$ 的函数 $X(s)$。它也是时间函数 $x(t)$ 的“复频域”的表示方式。

2. 关于时间、空间及虚形维度的相互转化公式：

$$F(s) = \int_0^{+\infty} f(t)\, \mathrm{e}^{-st} \mathrm{d}t$$

其中，$f(t)$ 代表时域里的活动；$F(s)$ 代表频域里的质场。

3. 质场强度的计算公式

$$H = \frac{N \times 1}{L_e}$$

其中，$H$ 为质场强度，单位为 A/m；$N$ 为励质频次数；$I$ 为励质场流（估算值），单位为 A；$L_e$ 为测试样品的有效质场跨度，单位为 m。

$$F(s) = \int_0^{+\infty} f(t)\, \mathrm{e}^{-st} \mathrm{d}t$$

$$H(s) = Y(s) / X(s)$$

其中，$H(s)$ 为质场强度，是传递函数；$X(s)$ 为激励函数，是输入量；$Y(s)$ 为响应函数，是输出量。

$$Y(s) = X(s)H(s) = aH(s)$$

$$Y(s) = \int_0^{+\infty} Y(t)\,\mathrm{e}^{-st}\mathrm{d}t$$

$$X(s) = \int_0^{+\infty} X(t)\,\mathrm{e}^{-st}\mathrm{d}t$$

$$H(s) = \int_0^{+\infty} H(t)\,\mathrm{e}^{-st}\mathrm{d}t$$

$$Y(s) = X(s)\cdot H(s)$$

$$= \int_0^{+\infty} X(t)\,\mathrm{e}^{-st}\mathrm{d}t \cdot \int_0^{+\infty} H(t)\,\mathrm{e}^{-st}\mathrm{d}t$$

设纠偏因子 $a = X(s)$，$X(s)$ 也可称为激励函数，如果保持一恒定输入量，可设为常数。

则上式可写成：

$$Y(s) = a\cdot\int_0^{+\infty} H(t)\,\mathrm{e}^{-st}\mathrm{d}t$$

$= a\cdot\int_0^{+\infty}\frac{N\times I(t)}{L_e}\,\mathrm{e}^{-st}\mathrm{d}t$（按磁场强度计算公式：$H(t) = \frac{N\times I(t)}{L_e}$）

$$= \frac{aN}{L_e}\cdot\int_0^{+\infty} I(t)\,\mathrm{e}^{-st}\mathrm{d}t$$

$$= A\cdot\int_0^{+\infty} I(t)\,\mathrm{e}^{-st}\mathrm{d}t\ ,$$

设 $A = \frac{aN}{L_e}$（这个实际起到一个倍增器作用），则

$$Y(s) = A\cdot\int_0^{+\infty} I(t)\,\mathrm{e}^{-st}\mathrm{d}t$$

$$= A\cdot I(s)$$

这个公式说明了系统的输出量，即响应函数与励质场流$I$有关。

4. 复变空间非线性同向架构

先有质场，然后再有架构，最后防护整流罩。估计复变空间非线性同向架构（简称虚形结构）建立起来后质场感应大小。

5. 实际意义

可以将磁感应强度 $B$ 置换为虚形维度里的 $H$，或者说是无形精神气场感应强度。当然，这个 $H$ 是矢量，具有方向，正向的将为最终目标达成提供科学的方向和方法。这里涉及两个方面：一是自己接收到的外界的 $H$，另一是自己给予外界的 $H$。如“二战”期间，斯大林、朱可夫的 $H$ 是无比强大的。中国制造第一颗原子弹时，钱学森的 $H$ 首先在最高层确立，国内科学工作者无不以此为战胜一切困难成功制造原子弹的绝对保证，如果没有钱学森，中国原子弹的爆炸不知还要等多久。但是，光有一个钱学森是远远不够的。当时中央专门委员会成立，周总理任主任，即便是一个关键零部件的生产，也要他当场拍板。这种工作方式令钱学森非常感慨，盛赞总理为科技工作者创造了一套领导研制“两弹”的工作方法。这种工作方式，就是高质高效虚形结构工作方式，如需要用哪方面哪个单位的人才，一个电话就可以了。正是有了这样的方式，我们的原子弹研制进度可谓创造了又一个世界第一。

在顶级质量制造中，$H$ 的绝对值大小是关键。由于已经形成了强大的虚形复变结构（可理解为发展我国的决心、信心、集约知识结构、解决问题方式、集约机制等），项目不管发生什么事，不管前面有多少艰难险阻，最后都会胜利。一个令人遗憾的项目就是我们之前搞的大飞机，这里面应该总结更多的经验和教训，尤其在质量虚形结构方面。

质场强度的一个日常例子：一个身高两米的人站在你旁边和一个一米的人站在你旁边，$H$ 是不同的，这样他们对你的影响后果 $F(H)$ 也可能不同。一米的人阻挡不了你的视线，但两米的人完全可以阻挡你的视线，并让你马上改变自己的位置。

广州医学院第二附属医院神经内科的医疗团队组成了广东省最好的神经科学研究所，是广东省与教育部共建重点实验室。曾经某市副市长的亲戚慕名前来这家医院住院，但该科医生没有为她特别安排单人病房，理由显而易见，稀缺的医疗资源必须尽最大可能为普通百姓着想，医院的管理质量可见一斑。何小诗教授和沈岩松副主任医师是这支杰出团队的优秀代表，拥有强大的医疗质场强度。但是，面对一位长期卧病在床的脑中风加上哮喘的老年患者，何主任非常动情地对患者家属说：“实在对不起，我们没有能治好你的母亲！”其实这些医生、护士平时尽心尽责，千方百计为患者康复绞尽脑汁、任劳任怨，比起某些沽名钓誉的省医、名医的冷漠态度，质场强度真是天壤之别！

## 第三节　真实空间与虚形空间三个基本定理

定理1：任何真实空间所产生的波形都可用无穷个正弦波叠加而成，即 $\cos(x)+a\times\cos(3x)+\cdots+4$。

第一个虚形维度构成的无形（虚形）空间称为质场感应频域（这里简称为质频域），通俗理解为，能起作用的虚形场感应。将质场感应频率最低的分量看作“1”，即是新的虚形维度的最基本单元——质场感应频率。但是，质场感应频率为0不等于是不能作用，恰好相反，它和“1”构成整个质频域的完整空间。

定理2：虚形空间质量场可以由无数个真实空间的实践场活动所叠加反映。

这个“0”是叠加的关键，$\cos(0t)$ 在图中表示为正弦波，它的周期是无限长，即一直线，通俗理解是一个圆周运动在一条直线的投影。在傅里叶级数的叠加中，它不会改变波的形状，只是整体向上向下。所以在质频域，0频率也可称为质场直流分量。

对频域基本单元的直观理解是一个圆一直在旋转，而这就显示了虚形结构一个最基本的运作原则，也即由此得到：

定理3：虚形空间的虚形结构的最基本组成形式是圆形，有一个核心，其他一切活动都绕着这个核心来进行。

## 第四节　虚形维度决定性的解析

真实空间的一切活动都离不开能量，尤其是人类的活动，如新陈代谢、社会运作等。所有能量都可产生波，波的解析在这里主要用数学工具，即傅立叶变换，它是真实空间与虚形空间的转换，是真实世界的质量活动与虚形维度、质场维度的转换。

一些研究认为，真实世界的所有物体经过人类的大脑即刻转化为对应的脑电波信号，这个其实就是数理意义上的傅立叶变换。

光、波、物质、能量是怎么样的关系呢？爱因斯坦光子理论揭示出物理学一条最简单也最重要的公式：

$$E = h\gamma = hc/\lambda$$

其中：$E$ 为能量，$\gamma$ 为频率，$\lambda$ 为波长，$h$ 为普朗克常数。

这个公式清楚地表明了物质（光）、能量与波的三层意思：

（1）光子能量和波长成反比，光子的波长越长，频率越小，能量越小。

（2）光子能量和频率成正比，频率越大，能量越高。

（3）每个光子的能量为 $\varepsilon = hv$。$hv = \frac{1}{2}mv^2 + W$。由 $N$ 个光子组成的光子流，能量为 $Nhv$（不计真空场的零点能）。

在日常生活中，真实空间中的波长和傅立叶空间里的频率为相互转换关系。两者为反比——真实空间中波长越长，傅立叶空间的频率越小。

$E$ 可以视为本身所拥有的潜能，辐射到周边的能量 $E_\lambda$ 和 $E(S, L, p)$有关，其中：$a$ 为辐射系数，与辐射角度、方式等因素有关；$L$ 为辐射距离；$p$ 为干扰因子。

则有函数关系式：

$$E_\lambda = apE/L$$

世界是运动的，运动就产生波。现在的问题是：真实空间可以用无数曲线来表示，按照经典力学的解释，频率高则能量强，波长则与能量成反比。傅立叶空间频率越高，相应的真实空间中的波长则越短，相应的能量就越大，如果是固定空间，空间是不是相对变窄了？

一个想法是傅立叶空间频率加快；另一个想法是傅立叶空间收窄，真实正常空间扩大，这样迫使可疑（包括缺陷）空间缩小。或者是傅立叶空间频率加强，这样令真实正常空间扩大，这样迫使可疑（包括缺陷）空间缩小。

主要应思考在理论上用什么方式能最有效消除缺陷，防止干扰。

可以采用一个三维函数 $(x,y,z)$[$z = f(x,y)$] 来描述任一图像，然后构建一个切割平面 $P(x,y)$，平行于 $(x,y)$ 坐标面，并且垂直于另一轴，即强度轴 $Z$。通过颜色赋值（如某数值用黑色表示）处理，函数傅立叶变换可与图形展示（颜色、色度）相互对应。

按照某些专家的说法，把傅立叶变换比喻成一个数学上的棱镜，这里也可以将之比喻成一个真实空间与虚形空间转换的棱镜，它把真实空间的波形分解投射到虚形维度上去，每个波的颜色由波长、频率、相位体现，即质频谱。

在这里，傅里叶变换提供了从真实空间的时域到虚形空间的质频域的途径。

傅立叶变换有两个非常好的性质，一个是时移性，即在真实空间的时移，可以完全对应（不是一一对应）虚形空间的质频，且幅度与频谱保持不变；另一个是频移性，即如果想把频谱整个移动 $w$，只要在真实空间中乘以 $e\hat{}jwt$，也称为调制定理。

图像上的点与邻域灰度值差异的强弱程度称为梯度。图像的频率也表征了灰度变化的剧烈程度，和梯度对应。通俗地说，如果是一大片平静的海洋，则梯度、频率都较小，但如果是许多高低起伏的山峦，那么剧烈变换的边缘梯度和频率将较大。

定理4：灰度变化得快，梯度越大，即频率越高，图像差异、剧变大，该点能量就越高，在质频谱图上就越明亮。反之亦然。

在真实空间中，可以表示为：质量问题波动大，也即是说质量可疑点或区域多，相应地在虚形质维度上，频率就越大，梯度也越大，显示出的亮度越强，亮点越多，同时阻抗能量也越强。

比如齿轮频谱分析，当齿轮磨损严重时，啮合振幅增大，频率越来越高，振动能量将大幅增加。应用调制定理可以进一步处理质频谱，移频到圆心，这样图像频率分布更清楚，也可把有周期性规律的干扰信号分离出来，如对称分布的亮点群，再通过适当处理消除。此处不提及具体理论推导及图形展示过程，有兴趣的读者可以参考傅立叶变换相关内容。

## 第五节 虚形理论与实践探讨

按照目前哲学及自然科学普遍认识，可以归纳出虚形维度质量管理理论体系哲学两大定理 A 和 B：

定理 A：在质量世界中，一切物质都是运动的，静止也是一种特殊的运动形式。

定理 B：一切质量相关运动都可以用波（曲线）表示。

由 A + B 得出以下定理：

定理 C：一切质量活动可以构成一个质量空间，某一质量空间所有的质量活动由相应的波（曲线）表示。

定理 D：某一质量空间可以由无数个波（曲线）组成。

定理 E：如果波（曲线）有间断，则第一间断点为质量可疑点，相邻活动构成质量可疑活动集，扩展为质量可疑空间 $Y$。

补充说明：波（曲线）第一类间断点中，可去间断点视为可修复的质量缺陷点；不可去则视为无法修复的质量缺陷点。

定理 F：质量空间 $Z$ 由质量可疑空间 $Y$ 及质量可信空间 $X$ 构成，即 $Z = X + Y$。

基本想法很简单，扩大质量可信空间 $X$，相同环境条件下，即没有外力补充扩展下，质量空间 $Z$ 大小不变，质量可疑空间 $Y$ 必然缩小，这样就能把质量活动都控制在正常的可信空间内。

应用傅立叶变换，则要分清目前我们看得见、感觉得到的传统物质这一实体空间，以及看不见（如经验交流、学业技艺传承等）的虚形空间。或者说质量场空间也是一个复变空间。

定理 G：质量场空间是一个复变空间，包括实体空间和虚形空间。

推论：真实空间大小可以由 $XYZ$ 来度量，质量空间则可以由波的能量或频率来衡量。

公理：所有物质要形成有效体系运作必然背后有一个虚形维度来维系。

1. 相关推论

推论一：如果是有质量的运作归于虚形维度所形成的有效结构。

推论二：虚形结构的有效性决定了组织的质量提升。

推论三：高能粒子可以由普通粒子通过场或能量激发形成，所以高阶质量可以由低阶质量通过虚形维度的吸收和利用达成。

推论四：虚形维度的有效吸收和利用是组织长期生存与发展的决定性因素。

推论五：组织的高质量发展主要是实体所对应的虚形维度和实体的有效融合。

2. 模型建立时的相关思考

问：固有的频率和展示的频率？

补充说明：比如一位修单车师傅，他修的车故障率很高。这些活动实际都是在真实空间运行的质量活动。

但由于虚心请教，拜高手为师，高手也耐心传承高超技艺和耐心、意志力等无形物质能量给这位普通的修车师傅，这些活动实则在无形空间里面运行。但这种无形却又是实实在在存在的，这就是所谓的质量复变空间。通过修车师傅的努力，无形的质量可信空间扩大了，与此同时减少了质量可疑空间。

传授技艺的过程相当于质量场频率加快，质量场强度增强，这样质量可信空间扩大。

如果光从可信空间扩大来说还不足为信，可以考虑从能量角度来说。

一切活动有正能量和负能量之分，如果是缺陷点或可疑活动就属于负能量。从这个角度来思考问题也可以，质量场可修正为质量能量场。

这个质量还可以做深入的解析，既符合物质的质量物理定律，也可与有效活动联系起来，也就是有质量的活动，而这个质量就产生了有效的能量。

问：最终得出什么结论？

答：就像进行马拉松长跑，运动员所拥有的有效质量是随着运动的次数和训练的强度不断地增强的。

结论：无形（虚形）质量场强度增加，引起实体质量可信空间（正能量场）扩展，从而令实体质量可疑空间（负能量场）缩小。

即无形空间某一状态、能量或信息量的变化，通过傅立叶变换，引起实体空间相应的状态、能量或信息量的变化。

问：傅立叶变换在这个过程中有什么作用？

答：可以通过傅立叶变换引入纠偏因子（或称校正因子），及转化因子（传递函数），最好还能引入一个平衡函数。

或者：结构函数或范数，引入结构集或结构函数，内积，正交基，希尔伯特空间。范数越大，表示结构引导机制越广，无形架构越强大。或者从能量场分析，空间越大，表示绝对能量场越大，相对能量越强。质频无形域空间的频率相应越大。

## 第六节　质量管理服务体系及其数学模型

### 一、质量管理两大公理及其推理

公理1：一切质量必须首先为人服务。

推论1：没有服务就没有质量。

所谓质量就是满足客户的需求，但这仅仅是最低层次的一种质量观念，质量首先必须体现一种真诚的服务，一种真正为他人着想的服务。

推论2：一切质量活动都是人类活动的结果，也即是说质量活动符合人类思维规律，符合社会管理法则、原则，适用人类科学技术原理和方法。

公理2：质量管理追求更好的服务，归根到底是一种逐利管理服务。

推论1：这种逐利可以分为经济效益、社会效益、环境保护效益等对人类活动产生影响的效益。

推论2：质量管理可以用某种形式来衡量其贡献大小或者是逐利多少。

但是，即使是同一品牌同一型号的汽车，按照不同时期或者地域的市场需求，一辆质量较差的汽车可能也比一辆质量好的汽车卖的价格更贵。所以，质量真正贡献不能仅以经济指标来衡量。

推论3：贡献为负值的质量管理是一种失败的管理，存在着管理漏洞或者缺陷。

推论 4：质量管理贡献需要为正值，必须设法消除管理漏洞或者是缺陷。

## 二、质量管理服务体系的基本概念

按公理 1 之推论 2，也可以进一步得到如下定义：

（1）质量：物体的固有属性，这里的质量，仅限于单个物体或单一服务。

（2）质量属性值（社会平均度量值）$M$：物体固有属性的大小，即在社会平均大生产条件下，物体生产出来时或者服务完成时所体现的市场价值。

这里的质量属性值，不是指某一工厂、某一服务机构，而是整个社会大生产条件下的合理估量，是一个相对固定的概念值，可以用经济指标估算，也可以用其他指标（如能量）估算等。如一辆汽车，质量属性值相对固定，可以用总输入，包括能耗、材料、人工、环境资源等的损耗，通过一定的折算来衡量。简单来理解，相当于通过一个外力，汇聚一定的物质资源，做了一定的总功。而质量，恰好把这个总功储备成能量，属性值可由属性能（不同于能源）来体现，这也是质量的动力学解释，即质量的本质意义。

（3）质量第一贡献值 $F_1(m)$：质量属性值经过适当折换后，再扣除质量总成本，即为质量第一贡献值。这个值与品牌、市场价格等因素无关，强调的是一个商品真实的使用价值。

通常，在初始阶段，某一工厂、某一机构的质量属性值可按照总成本和社会同类产品进行适当估算。比如奔驰 2014 年新推出一款 B 级车，中国市场价是 26.1 万元人民币，欧洲市场价是 2.6 万欧元（约 22.7 万元人民币），估计其真实属性值在 20 万元人民币左右，假设生产成本是 10 万元，则质量第一贡献值在欧洲是 10 万（20－10），在中国也一样，与品牌、市场价等因素无关。

后来奔驰 B 级车分别在德国和匈牙利两地生产，假设在新建的匈牙利工厂生产，成本是 9 万元，在保证品质的条件下，属性值不变，仍然是 20 万元。这时的质量第一贡献值还是属性值 20 万元减去生产成本 9 万元，即 11 万元。质量属性值是不变的，B 级车的属性值还是原先那个值（估计 10 万元），除非社会生产总成本下降。

这时质量贡献值可能和德国相比更大一点。匈牙利工厂的管理水平提高之后，虽然质量属性值不变，但是，相比德国工厂的无变化，匈牙利工厂的 B 级车质量第一贡献值出现了。

属性值应该清楚表明品质的好坏程度，与管理效能有关，与市场价格无直接关系。

（4）质量第二贡献值 $F_2(m)$：物体生产出来后或者是服务完成之后，由于某种外在的影响而让质量属性值增加或减少的一种价值体现。

还是用上面的例子，如果随着管理效率的提高，匈牙利工厂生产总成本在下降（假设下降了 1 万元），然后如果匈牙利工厂产的 B 级车转运到中国，即使是正常运作，在中国同款车卖出的价格也有几种可能，因为中国国内的打折幅度相当大，差距有时高达 6 万元人民币。

因此，奔驰 B 级车到了中国后，质量第二贡献值就是质量属性值 20 万元和在中国的最高售价 26. 1 万元之差，即为 6. 1 万元。

$$F_2(m) = k_2M \times V - M$$

（5）质量管理效能 $E(m)$：质量管理结果的尺度。按照作用效果分为有用效能和无用效能；按照作用目标次序分为额定效能 E 额、初始驱动效能 E 驱、传动效能 E 传、到达效能 E 到（类比于功率，单位时间内所做的功）。

这里附带说明一下，有资料显示有用效能即为到达效能，但实际可能存在不一样的情况，一些传送是必须的，也是有用的，用于抵消干扰或阻碍，不能说这些是无用的效能，但到达最终目标时则是到达效能，和有用效能不相等。

损耗效能 E 损 = E 驱 − E 到

当额定效能大于驱动效能时，E 到 = E 驱 − E 损。

当额定效能小于驱动效能时，E 到 = E 额 − E 损。

当额定效能等于驱动效能时，E 到 = E 额 = E 传。

（6）质量管理效率 V：单位时间完成的质量管理工作量，即到达效能 E 到与驱动效能 E 驱的比值。

V = E 到/E 驱

（7）质量总成本 C（V）：单个物体或单一服务所需要付出的所有

代价的概念值，区别于经济学的成本概念，但意义类似。

质量总成本可以按照实际生产中的总成本折换成一个概念性数值，再分摊到单个物体或单一服务，此数值即可视为质量总成本。

比如投资十亿在非洲建立一家汽车厂，质量总成本必须清除一些其他与质量管理无关的费用，也不能只考虑这十亿，还必须评估一下其他方面直接相关的代价，如当地政府提供的当地工人入厂前的相关培训等。

## 三、质量三大定律

（1）质量固有属性定律：

$$M = C \times V$$

其中，$V$ 为管理效率，$C$ 为质量总成本。当 $V$ 提升时，$M$ 增大。

（2）质量第一贡献值定律：质量属性值与贡献值成正比，属性值越大，贡献值越大；与管理成本成反比，成本越高，贡献值越小。

$$F_1(m) = k_1 M - C$$

$k_1$ 为转换因子，根据不同行业、不同社会生产水平以及不同生产状况来评估。如果都是用价格表示，即 $k_1 = 1$，那么：$F_1(m) = M - C$。

（3）质量第二贡献值定律：

$$F_2(m) = k_2(M \times V - M)$$

$k_2$ 为转换因子，根据不同行业、不同社会生产水平以及不同生产状况来评估。

如果都是用价格表示，即 $k_2 = 1$，那么：$F_2(m) = M \times V - M = M(V - 1)$。

## 四、质量属性坐标参考系及质量贡献值坐标参考系

（1）由上述三个定律，可以构筑质量属性坐标参考系，如下：

$X$ 轴表示时间 $t$；刻度可以按照具体行业具体产品的生产或者服务需求来确定；$Y$ 轴表示质量成本，具体刻度可以是价格或者是能耗等其他可以衡量质量成本的指标；$Z$ 轴表示质量效能，可以从管理质量效果来理解，效能刻度可以根据具体行业具体产品的具体标准要求来确定。

（2）质量贡献值坐标参考系如下：

$X$ 轴表示质量属性值 $m$，反映不同产品或型号规格的质量状况变化

情况；$Y[Y = F(X)]$ 轴表示质量贡献值，可以作为某单个产品或不同产品的质量状况变化情况的间接 衡量指标。

## 五、 质量三大定律推论

推论1：在质量属性坐标参考系中，质量属性值由多个质量点的单位质量贡献值所体现，并且当管理效能和质量贡献值相当时，质量属性值不变。

熵最先提出时实际是热力学的一个统计意义上的概念，如果根据几十、几百个分子谈熵是没有意义的。但如果把熵所表达的基本原理应用在系统质量管理上，可以考虑到宏观要素的运行规律。用函数 $F$ 来表示系统质量管理的有效程度，也即是质量贡献值，则：

$$F(a_i, b_i) = S/K$$

其中：$a_i$是指影响系统的内部要素，包括各种有形物质、能量、信息等；$b_i$是指影响系统的外部要素，包括各种有形物质、能量、信息等；$S$ 是指系统熵；$K$ 是一个常数。

该式表明，系统越混乱，质量管理有效程度越低。因此，必须充分认识到熵增规律在质量管理中的作用。

注意，质量贡献值的概念与质场强度不同，一个是说明质量管理的有效程度，另一个是说明质量的好坏程度。

推论2：可疑缺陷点在函数中即可视为间断点。

这个要先从另一个新概念“质量系统障碍”说起，有点类似于系统误差概念。

有些系统所产生的质量问题，在一定的程度、一定的条件下得到了一定的纠正，但是随着时间的推移，或者是随着试验或测量次数的增加，或者是产品数量的增加，相同的质量问题反复出现。质量系统障碍是指由于在试验的过程中，或者是在生产的过程中，相同的原因引起的一类质量问题。它具有重复性、方向性、可度量性。系统障碍可以通过适当方式减少甚至消除。通常由于系统障碍（可疑缺陷点）产生的质量缺陷，在大批量生产的条件下可以采取数学定量分析和计算机程序等方法来处理。

如果把 $X$ 视为正常的日常生产活动或者是试验操作，把 $F$ 视为质量贡献值，每一个 $X_i$ 的变化对应于每个 $F$ 的变化，这样就可以作出一条曲线：

$$F(X) = F_1(X) + F_2(X) = (k_1M - C) + (k_2M \times V)$$

由此，可推论出，系统障碍（可疑缺陷点）在函数中即可视为间断点。

推论 3：系统障碍和系统缺陷在一定的条件下可以消除。

实际问题中的系统可疑缺陷点 $a$ 是函数 $F(x)$ 的间断点。如果右极限 $F(a+0)(x=a$ 处）和左极限 $F(a-0)(x=a$ 处）都存在，也即是函数 $F(x)$ 在 $a$ 点的左右极限都存在，则称 $x=a$ 是 $F(x)$ 的第一类间断点。此处 $a$ 点在实际问题中对应为第一类系统可疑缺陷点。

如果 $a$ 点这时候左右极限存在且相等，则为可去间断点，即表明该点缺陷问题可以消除。若左右极限不相等，则为跳跃间断点，系统故障问题始终存在。

若 $F(a+0)$ 和 $F(a-0)$ 有一个不存在，则称 $x=a$ 是 $F(x)$ 的第二类间断点。

这两类间断点都代表了质量管理缺陷存在与否。如果是第二类间断点，即为不可消除的缺陷；如果是第一类间断点且左右极限都存在，相等情形，则可以消除。

质量三大定律，揭示了宏观质量变化的规律，可以据此总结分析出同类产品或服务的质量发展状况及隐藏的各种因素变化。如三聚氰胺事件后，国内奶粉质量贡献值波动明显，尤其是第二贡献值的变化，因而奶粉的质量变化水平可以由此清晰地分析出来。

# 后　记

至此，终于可以收篇了。从 2014 年构思到结束，再到出版，花了整整 8 年时间，其间酸甜苦辣，实在不足以言，只希望能为后人留下一点思考，也就足矣！

本书素材太多，虽然我们已尽最大可能避免，但如果还有什么地方被认为是抄袭，或者完全是凭空想象，恳请指正！本书强调开创一门新学科的必要性：质场科学，在虚维决定论的数理解析一章有详细论述，这样就可以把质量、缺陷、质量管理完全置于科学理性衡量、评估之中。但由于时间与实践关系，理论尚未成熟，其中的错误和缺陷也敬请读者谅解。

缺陷必须消除，即使是在系统内，唯希望瑕不掩瑜。撰写本书的主要出发点还是那句话：为了中国的质量，为了祖国的强盛。

在此，非常感谢陪着我们一路走过来，也一直指导着我们的朋友、同事、良师、亲人！

谨以此书献给曾纪秀女士，她几十年如一日的谆谆教导“小心驶得万年船”是创作此书的原动力……

作　者

2022 年 8 月